新・教職課程演習　　第15巻

初等生活科教育,初等音楽科教育,
初等図画工作科教育,初等家庭科教育,
初等体育科教育,初等総合的な学習の時間

筑波大学芸術系教授　石﨑　和宏
広島大学大学院教授　中村　和世　編著

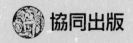

協同出版

刊行の趣旨

　教育は未来を創造する子どもたちを育む重要な営みである。それゆえ，いつの時代においても高い資質・能力を備えた教師を養成することが要請される。本『新・教職課程演習』全22巻は，こうした要請に応えることを目的として，主として教職課程受講者のために編集された演習シリーズである。

　本シリーズは，明治時代から我が国の教員養成の中核を担ってきた旧東京高等師範学校及び旧東京文理科大学の伝統を受け継ぐ筑波大学大学院人間総合科学研究科及び大学院教育研究科と，旧広島高等師範学校及び旧広島文理科大学の伝統を受け継ぐ広島大学大学院人間社会科学研究科（旧大学院教育学研究科）に所属する教員が連携して出版するものである。このような歴史と伝統を有し，教員養成に関する教育研究をリードする両大学の教員が連携協力して，我が国の教員養成の質向上を図るための教職課程の書籍を刊行するのは，歴史上初の試みである。

　本シリーズは，基礎的科目9巻，教科教育法12巻，教育実習・教職実践演習1巻の全22巻で構成されている。各巻の執筆に当たっては，学部の教職課程受講者のレポート作成や学期末試験の参考になる内容，そして教職大学院や教育系大学院の受験準備に役立つ内容，及び大学で受講する授業と学校現場での指導とのギャップを架橋する内容を目指すこととした。そのため，両大学の監修者2名と副監修者4名が，各巻の編者として各大学から原則として1名ずつ依頼し，編者が各巻のテーマに最も適任の方に執筆を依頼した。そして，各巻で具体的な質問項目（Q）を設定し，それに対する解答（A）を与えるという演習形式で執筆していただいた。いずれの巻のどのQ&Aもわかりやすく読み応えのあるものとなっている。本演習書のスタイルは，旧『講座教職課程演習』（協同出版）を踏襲するものである。

　本演習書の刊行は，顧問の野上智行先生（広島大学監事，元神戸大学長），アドバイザーの大髙泉先生（筑波大学名誉教授，常磐大学大学院人間科学研究科長）と高橋超先生（広島大学名誉教授，比治山学園理事），並びに副監修者の筑波大学人間系教授の浜田博文先生と井田仁康先生，広島大学名誉教授の深澤広明先生と広島大学大学院教授の棚橋健治先生のご理解とご支援による賜物である。また，協同出版株式会社の小貫輝雄社長には，この連携出版を強力に後押しし，辛抱強く見守っていただいた。厚くお礼申し上げたい。

　2021年4月

監修者　筑波大学人間系教授　清水　美憲
　　　　広島大学大学院教授　小山　正孝

序文

　今日，人工知能（AI），Internet of Things（IoT），ロボティックス等の先端技術の高度化により，社会生活の在り方そのものが劇的に変わりつつある中で，人間の本質とは何かを問い直し，人間中心の教育を再構築していくことが課題となっています。新しい時代においても，人間らしい豊かな社会を維持・発展させていくために，AIやロボティックス等によっては，決して代替することができない人間に根源的な創造性や共感性を，学校教育の学びの中で重視していくことが，これまで以上に求められており，新しい価値や人と人との結びつきを生み出す文化，芸術，スポーツ等の教育的役割が新たに着目されています。

　本巻が扱う生活科，音楽科，図画工作科，家庭科，体育科，総合的な学習の時間は，いずれも，児童一人一人の感覚や身体と対象との直接的な関わり合いが生じる体験活動，ホンモノに触れて心が動かされる実体験，自分の力で対象に働きかけながら創意工夫して生み出すことなどを学びの基礎としています。これらは，豊かな感性，新しいアイデアを生み出す思考の柔軟性，これまでに出会ったことがない対象に対する好奇心や探究力，実践における成功や失敗から学び次の経験につなげていく力など，人間ならではの営みを活性化させていくことに深く関わっています。

　本巻は，これからの時代にも通じる人間中心の教育を進めていく上で重要となる上述の6つの教科等ごとに全6章から構成されています。学習指導の基本的な概念が理解されやすいように，教科等に共通する学習指導のトピックごとに質問項目（Q）を設定しています。

　質問項目（Q）は，各教科等の特性を反映して，他の教科等には見られない独自の内容が問われている場合もあります。読者の皆さんは，まずは興味のある教科等や質問項目（Q）から読み始めてください。できれば，単一の教科等の枠内で学ぶのみでなく，小学校教育を特徴づける教科横断的な視点

を持って，同じ趣旨の質問に対して，異なる教科等では，どのような解答が
なされているのかを比較しながら読み進めていただきたいと思います。これ
を通して，小学校段階における児童の人格形成においてそれぞれの教科等が
どのような役割を果たしているのか，教科等の特性に応じてどのような学習
指導が展開されるのかなどの理解を深めていただければと思います。本巻
が，6つの教科等の学習指導の理解に役立つとともに，人間中心の教育の充
実につながることを願っています。

　最後になりましたが，複数の教科等から構成される本巻の編集に際して
は，それぞれの教科のご専門の先生方にご協力いただきました。生活科と総
合的な学習の時間に関しては，片平克弘先生（筑波大学特命教授），渡邉巧
先生（広島大学大学院准教授），音楽科に関しては，笹野恵理子先生（立命
館大学教授），権藤敦子先生（広島大学大学院教授），家庭科に関しては，河
村美穂先生（埼玉大学教授），河﨑智恵先生（奈良教育大学教職大学院教授），
体育科に関しては，宮崎明世先生（筑波大学体育系准教授），村井潤先生
（武庫川女子大学准教授）に，大変お世話になりました。ここに記して，深
く感謝申し上げます。

　　2021年5月

　　　　　　　　　　　　　　　　　　　編者　石﨑和宏・中村和世

目次

第1章

生活科

第1節　生活科の目的・目標

Q1　生活科の意義と創設経緯について述べなさい

1．生活科の創設経緯

生活科は1989（平成元）年改訂の学習指導要領により，小学校の第1学年と第2学年に設置され，1992（平成4）年から完全実施となった教科である。生活科の創設に伴い，社会科と理科は小学校低学年段階では廃止されたが，この経緯を辿るには1960年代からの議論にまで遡ることになる。

1967（昭和42）年の教育課程審議会の答申「小学校の教育課程の改善について」では，当時の低学年段階の社会科と理科について，具体性に欠ける教師の説明を中心とした学習の在り方や，児童が自ら身近な事物や現象に働きかけることを尊重する方向について改善の必要性が指摘された。続く1971（昭和46）年の中央教育審議会の答申「今後における学校教育の総合的な拡充整備のための基本的施策について」では，小学校低学年の教科区分にとらわれず，児童の発達段階に即した教育課程の構成の仕方について再検討する必要性が示される。1976（昭和51）年の教育課程審議会の答申「小学校，中学校及び高等学校の教育課程の基準の改善について」では，「小学校低学年においては，児童の具体的かつ総合的な活動を通して知識・技能の習得や態度・習慣の育成を図ることを一層重視するという観点から合科的な指導を従来以上に推進するような措置をとること」が示され，1977（昭和52）年告示の学習指導要領にも合科的な指導に関する取り扱いが明示された。この時期には研究開発学校の制度も立ち上がり，小学校低学年の合科的な指導の実践的研究が各地の小学校で展開され始めている。さらに1984（昭和59）年には当時の文部省内に「小学校低学年教育問題懇話会」（小学校低学年の教育に関する調査研究協力者会議）が設置された。

このような経緯を経て，1987（昭和62）年の教育課程審議会の答申「幼

稚園，小学校，中学校及び高等学校の教育課程の基準の改善について」において，小学校低学年段階の社会科と理科を廃止して，新教科としての生活科を設置する方向が定められ，1989（平成元）年改訂の学習指導要領以降，今日まで生活科の授業実践が続けられている。

2．生活科の存立基盤と意義

　生活科には当初，「しつけ科」や「第二道徳」といった批判もあった。社会科や理科のように特定の学問的背景をあえてもたず，児童の「自立」，「関わり」，「気付き」を重視しようとする生活科の方向性は，実践の蓄積が乏しい時期には，それまでの教育や学習の在り方とは大きく異なることから多くの異論も示された。全国各地での実践研究が進み，児童一人一人の持つ潜在能力を大事にしながら，その資質・能力をいかに伸ばしていけるかという育成観を最優先にする生活科の教科特性への評価は徐々に高まり，学習指導要領の改訂が進む中でも，その教科特性は揺らぎなく受け継がれてきた。

　生活科の学習対象には，かつての低学年の社会科や理科と同様に身近な自然や社会に関する事物や事象も含まれてはいるが，その対象を社会科学や自然科学の視点からの認識のみを目的とするのではなく，学習者側がそれらの対象に「関わり」という働きかけを行うことを通して，学習者自身の成長に資する「気付き」の積み重ねにより，人間としての「自立」に向けた学びを大事にする点こそが，生活科の教科としての存立基盤にもなっている。

　生活科が当初から大事にしてきた児童一人一人の持つ潜在能力を大事にしながら，その資質・能力をいかに伸ばしていけるかという育成観は，2017（平成29）年改訂の学習指導要領の新たな方向性でもある「育成を目指す資質・能力の明確化」にも結実している。四半世紀前に小学校低学年のわずか2年間だけの新たな教科として成立した生活科の育成観や学びの在り方が，今後は小学校から高等学校までの全ての教科等でも参考とされる。

参考文献

中野重人（1996）『生活科のロマン』東洋館出版社.

（永田忠道）

Q2　生活科の目標と資質・能力について述べなさい

1．生活科の目標

　生活科では，児童を身近な生活に関わる活動や体験を通し自立した生活ができるようにし，その生活を豊かにすることが目指されている。また，そこでは，小学校に入学した児童が安心して授業に参加でき，一人一人の児童が自立への基礎を身に付けることが求められている。さらに，生活科では，各教科等との関連を積極的に計ることが目指されており，資質・能力の系統的な育成の観点から，小学校低学年の教育の充実，中学年以降の教育への円滑な移行が求められている。

　このような特徴をもつ生活科で育成したい資質・能力は，次の3点である。

　・活動や体験の過程において，自分自身，身近な人々，社会及び自然の特徴やよさ，それらの関わり等に気付くとともに，生活上必要な習慣や技能を身に付ける。

　・身近な人々，社会及び自然と自分の関わりを捉え，自分自身や自分の生活について考え，表現することができる。

　・身近な人々，社会及び自然に自ら働きかけ，意欲や自信をもって学んだり生活を豊かにしたりしようとする態度を養う。

2．資質・能力の育成

　ここでは，資質・能力の育成に関して，指導の観点から見ていく。生活科の教科の目標や指導内容の示し方は，2年間を通した設定を前提としつつも，小学校1年生と2年生の児童の発達の違いや学習経験の違いなどを考慮して工夫することが求められる。

　平成29年改訂小学校学習指導要領では，

　・伸ばしたい思考力・判断力・表現力等が発揮され，認識を広げ，期待する態度を育成していくという点を重視する。

・思考力・判断力・表現力等を育成するための学習対象を，児童の実態や学習環境の変化，社会的要請等を踏まえる。思考力等に関しては，これまでの目標の中で必ずしも明確に示されていないことから，できるだけ具体的に示すことが求められている。

　さらに，資質・能力の育成に関して，具体的な教育内容の改善・充実の観点から見ていくと，生活科の教育内容は，「学校，家庭及び地域の生活に関する内容」「身近な人々，社会及び自然と関わる活動に関する内容」「自分自身の生活や成長に関する内容」の3つに整理されていることがわかる。平成29年改訂学習指導要領では，これらの教育内容の全てが，資質・能力の3つの柱で再整理されているのである。

3．具体的な活動を通した資質・能力の育成

　生活科の中では，「見付ける」「比べる」「たとえる」「試す」「見通す」「工夫する」などの活動を行いながら，「気付いたこと」などを多様に表現し，考えることを通し，自らの気付きを確かなものとすることができる資質・能力を育成したい。さらに，「試す」「見通す」「工夫する」こと，言い換えれば，新たな気付きを生み出し，伝え合う学習活動を行い，それをもとにした学びなどを繰り返し振り返ることによって，気付きの質を一層高めることができるような資質・能力の育成を目指したい。

　特に，身近な自然の観察，動物の飼育や植物の栽培などの活動に関しては，平成29年改訂小学校学習指導要領でも，引き続き重視されている。飼育動物や栽培植物といった生きた教材は，低学年の児童の直接体験の機会が減っていることを踏まえ，彼らの動物の飼育や植物の栽培に関する資質・能力を高めるためには，大きな意義を持つ教材と捉えられており，引き続き活用の充実を図る必要があるだろう。

参考文献
中央教育審議会（2016）「幼稚園，小学校，中学校，高等学校及び特別支援学校の学習指導要領等の改善及び必要な方策等について（答申）」.

（片平克弘）

Q3 「身近な生活に関わる見方・考え方」について述べなさい

1．生活科における「見方・考え方」

　平成29年改訂学習指導要領において，各教科の目標に「見方・考え方」という文言が加わった。ここでいう見方・考え方とは，各教科における学びの過程で「どのような視点で物事を捉え，どのような考え方で思考していくのか」ということであり，各教科等を学ぶ本質的な意義とも言える。

　生活科における見方・考え方は，身近な生活における見方・考え方である。つまり生活科では，児童が，身近な人々，社会及び自然を自分との関わりで捉え，よりよい生活に向けて思いや願いを実現しようとすることが目指されている。

（1）身近な生活に関わる「見方」とは

　身近な生活に関わる「見方」は身近な生活を捉える視点であり，身近な生活における人々，社会及び自然などの対象と自分がどのように関わっているのかという視点である。これは低学年の児童にとって学ぶ対象（人々，社会及び自然）が自分の興味・関心のある生活圏の中にあることを意味している。また，この時期の児童は学ぶ対象を一体的に捉えるともに，自分との関係でその対象を見ていくという傾向が強い。例えば，小学校1年生の「アサガオをそだてよう」で観察記録の中にアサガオの成長の様子だけでなく，アサガオに対する自分の思いや願いが記録されているのがその一例であろう。

（2）身近な生活に関わる「考え方」とは

　身近な生活に関わる「考え方」は，自分の思いや願いを実現していくという学習過程にあり，自分自身や自分の生活について考えていくことである。

　児童は具体的に活動を行う中で，対象との関わりを深めていき，よりよい生活に向けて思いや願いを実現しようとしていく。そのために対象を比べたり，分類したり，工夫したりするなど思考し自らの学びを深めていくのである。その過程において「思考」や「表現」が一体的に繰り返し行われ，自立

し生活を豊かにしていくための資質・能力が育成されていく。

　このように生活科では身近な生活の中から児童が興味・関心を持ち，そして強く思いや願いを描きつつそれらを実現していくような授業展開が求められる。

2. 「見方・考え方」を生かす

　他の教科と生活科において「見方・考え方」の捉え方に違いがある。他教科においてそれは「働かせ」，生活科では「生かし」と表現されている。

　「働かす」はそれぞれの教科の特質によってアプローチの仕方に違いがあるという意味が込められている。理科を例に挙げれば，見方にはエネルギーを柱とする領域では「量的・関係的」な視点が示されている。また，考え方ではこれまで理科で育成を目指してきた問題解決の能力を基に整理され，「比較」「関係づけ」等々が挙げられている。社会科では社会事象からのアプローチ，国語では言葉を介してということになろう。

　それに対して生活科の「生かす」とは学習過程において児童自身が既に有している見方・考え方を発揮することであり，また，その学習過程において，見方・考え方が確かになり，いっそう活用されることを示している。つまり，それは児童が身近な生活の中から生まれた興味・関心から学習がスタートすることである。教材ありきの授業ではなく，児童目線で考えていくことである。このように学びを構成していくことで，児童の見方・考え方は生かされるのである。

　生活科において見方・考え方を「働かせ」ではなく「生かし」としたのは幼児期における未分化な学習との接続という観点からであるということを最後に付け加えておく。

参考文献
文部科学省（2018）『小学校学習指導要領（平成29年告示）解説生活編』東洋館出版社.

（白岩　等）

第2節　生活科の内容構成

▊ Q4　生活科の内容構成について述べなさい

1．内容と内容構成の具体的な視点

　生活科は9項目の「内容」で構成されている。9項目とは，(1) 学校と生活，(2) 家庭と生活，(3) 地域と生活，(4) 公共物や公共施設の利用，(5) 季節の変化と生活，(6) 自然や物を使った遊び，(7) 動植物の飼育・栽培，(8) 生活や出来事の伝え合い，(9) 自分の成長，である。一方，「内容構成の具体的な視点」（表1-4-1）が設定され，9項目の内容は原則として複数の視点から構成されることになっている。

表1-4-1　内容構成の具体的な視点

ア	健康で安全な生活	キ	身近な自然との触れ合い
イ	身近な人々との接し方	ク	時間と季節
ウ	地域への愛着	ケ	遊びの工夫
エ	公共の意識とマナー	コ	成長への喜び
オ	生産と消費	サ	基本的な生活習慣や生活技能
カ	情報と交流		

2．学習内容や学習対象

　生活科は，具体的な活動や体験を通して学ぶことを基本とすることから，具体的な活動や体験が単に手段や方法ではなく，目標であり，内容でもある。生活科で育みたい児童の姿を，どのような対象と関わりながら，どのような活動を行うことによって育てていくかが重要とされている。この考え方に立ち，内容構成の具体的な視点（表1-4-1）を視野に入れて，低学年児童に関わってほしい学習対象が選び出されている。それらは，①学校の施設，②学校で働く人，③友達，④通学路，⑤家族，⑥家庭，⑦地域で生活したり

働いたりしている人，⑧公共物，⑨公共施設，⑩地域の行事・出来事，⑪身近な自然，⑫身近にある物，⑬動物，⑭植物，⑮自分のこと，である。

　生活科の内容は，内容構成の具体的な視点と学習対象とを組み合わせ，学習活動を核とし，育成を目指す資質・能力の3つの柱として構成される。

3．内容の階層性

　9項目の内容は大きなまとまりでとらえられ，3つの階層で説明されている。第1の階層は内容（1）～（3）で，児童の生活圏としての環境に関する内容である。第2の階層は内容（4）～（8）で，児童自らの生活を豊かにしていくために低学年の時期に体験させておきたい活動に関する内容である。第3の階層は内容（9）で，自分自身の生活や成長に関する内容である。ただし，3つの階層の間に上下関係はなく，階層同士が分断されているものでもなく，階層が学習の順序性を規定するものではないと説明されている。

4．各内容の構成要素

　生活科の各内容の記述には，4つの要素が含まれている。それらは，①児童が直接関わる学習対象や実際に行われる学習活動等，②思考力・判断力・表現力等の基礎，③知識及び技能の基礎，④学びに向かう力，人間性等である。②～④は，育成を目指す資質・能力の3つの柱である。9項目の内容は，これら4つの要素によって構成されている。4つの要素に基づき，生活科の内容の全体構成は，学習指導要領において表の形で示されている。内容（1）について表1-4-2に引用する。

表1-4-2　内容（1）（学校と生活）の全体構成

階層	学習対象・学習活動等	思考力，判断力，表現力等の基礎	知識及び技能の基礎	学びに向かう力，人間性等
学校，家庭及び地域の生活に関する内容	・学校生活に関わる活動を行う	・学校の施設の様子や学校生活を支えている人々や友達，通学路の様子やその安全を守っている人々などについて考える	・学校での生活は様々な人々や施設と関わっていることが分かる	・楽しく安心して遊びや生活をしたり，安全な登下校をしたりしようとする

（人見久城）

Q5　「自分の成長」について述べなさい

　「自分の成長」は，『小学校学習指導要領（平成29年告示）解説 生活編』において9つの内容の9番目に示され，各内容の関係を示した図では，第3の階層，つまり最上位の階層に位置するものである。従って，他の8つの内容の全てと関連が生まれる内容である。

　全ての内容と関連をもち，自分の成長への気付きを中心とするこの内容は，目標にある「自立し生活を豊かにする」上で意義のあるものである。

　この内容では，自分自身の生活や成長を振り返る活動を行う。その活動を通して，自分について考え，まわりの人の支えを感謝し，これからのさらなる成長への期待をもつ。ここでは，自分自身について，まわりへの感謝，成長への期待について，詳しく述べていく。

　自分自身については，過去の自分と今の自分とを比較し，体の成長だけでなく，以前より我慢強くなったなどの心の成長についても，これまでの生活を振り返りながら感じられるようにする。そして，成長し続けている自分に気付き，自分らしさ，自分の良さや可能性についても考えられるようにする。

　次に，まわりへの感謝については，自分の成長には様々な人との関わりがあったことに気付くことができるようにする。自分がこれまで成長することができたのには，支えてくれた人の存在があったことに気付くようにしたい。

　最後に，成長への期待については，これからの自分について考えることが大切となる。自分のさらなる成長への期待は，これからの意欲的な生活には欠かせないものである。まさに，この自分の成長への期待は，生活科の目標にある自立し生活を豊かにすることにつながるのである。

　しかし，低学年の児童にとっては，自分のこれまでの生活を振り返り，成長を感じることは，簡単なことではない。そこで，具体的に成長を実感するような場面が必要になる。小さな頃，使っていた靴や手袋といった物や小さな頃の写真などの具体物，その物にまつわるエピソードなどを保護者や幼稚

園や保育園，認定こども園などの先生にインタビューする等の活動が求められる。これらの活動は，児童が成長を実感するという目的のために行うものであり，振り返る活動自体が目的ではない。児童によって，成長を実感できる場面や期間は異なるために，全員が誕生の瞬間，入学式の日のように同じ日や同じ期間を設定する必要はないと考える。

　例えば，公園の鉄棒などから，出来ない技ができるようになったときのこと，上手くいかないときにずっと応援してくれた兄弟など，「もの」「こと（出来事）」「ひと」という振り返りを，具体物を通して行うことができる。さらに，そこから鉄棒が上手くなるように成長したいという意欲をもったり，応援してくれた兄のように自分も優しさをもった人になりたいという思いをもったりするなど，これからの生活につながることも考えられる。

　このように，優しい気持ちや相手への思いやり，あきらめずやり続ける心といった内面の成長に気付きの質を高めていくことも「自分の成長」では，大切なことである。幼稚園や保育園などの子ども，入学してきた下級生との交流は気付きの質を高める契機となることが多い。

　この内容では，児童の誕生時や生育時のことを扱ったり，保護者へのインタビューを行ったりするなどの活動も考えられる。その際に，児童のプライバシーの保護に留意するとともに，それぞれの家庭の事情や，家族構成，生育歴などに十分に配慮する必要があることを忘れてはならない。

　以上，この内容は，冒頭でも述べたように，他の8つの内容とも関連の深いものである。(9)「自分の成長」以外の全ての内容で，学習中に自分の成長に気付くことがある。例えば「動植物の飼育・栽培」の学習において，「1年生の頃はアサガオの水やりを忘れることがあったけれど，2年生では野菜に忘れずに行うことができた」といった振り返りを書いた際，児童は自分の成長に気付くことができている。その際，タイミングよく教師も児童の成長を捉え，認め，励まし，共に成長を喜ぶような指導を心掛けることが大切である。そのためには，繰り返し事象に関わり，特に，異学年で交流する場を設けるなど，生活科を学習する2年間で児童が成長を実感できるようなカリキュラム・マネジメントも望まれる。

（辻　健）

Q6　飼育・栽培について述べなさい

1．生活科の内容（7）「動植物の飼育・栽培」の趣旨

> (7)　動物を飼ったり植物を育てたりする活動を通して，それらの育つ場所，変化や成長の様子に関心をもって働きかけることができ，それらは生命をもっていることや成長していることに気付くとともに，生き物への親しみをもち，大切にしようとする。※小学校学習指導要領第5節生活第2の2内容（7）

（1）「動物を飼ったり植物を育てたりする」とは

　児童自身が主体となり，実際にある程度の期間を継続して飼育したり栽培をしたりするということである。動物を飼う時には，その特徴的な動きや反応，自分の関わりに対しての手応えなど，生命を実感し感性を揺さぶられる場面が多くある。一方，植物を育てる時には，日々の成長や変化，実りに，生命のたくましさやその営みの連続性を実感する場面が多くある。そのため，どちらか一方を行うのでなく，2年間を通した生活科の学習の中で，見通しをもって飼育活動と栽培活動の両方を継続的に行うことが必要である。

（2）「育つ場所，変化や成長の様子に関心をもって働きかける」とは

　動植物が育つ中で変化や成長，環境との関わりなどに興味や関心をもち，よりよい成長を願いながら世話をし，主体的に「働きかける」＝「行為する」ことである。今回の改訂で，加わった文言が「働きかける」という文言である。対象に心を寄せ，大切に世話をするとともに，その過程で変化や成長の様子を比べたり，予想して見通しを立てたり，動植物の立場に立って考えたりして自分の世話に生かすような，児童の「働きかけ」を求めている。また，継続してきた活動を振り返ったり自分の成長とつなげたりして，自分の「働きかけ」に対しての気付きをもつことも期待されている。

（3）「生命をもっていることや成長していることに気付く」とは

飼育・栽培の活動を行う中で，
○動植物が変化したり成長したりしていることに気付く。

○動植物が生命をもっていることやその大切さに気付く。

○動植物の特徴，育つ場所などから適切な世話の仕方に気付く。

○動植物と自分との関わりに気付く。

○自分自身の世話の仕方や動植物に寄せる気持ちなどの変容に気付く。

　など，世話をする動植物自体への気付きと，世話を続ける自分自身への気付きが生じることである。

（4）「生き物への親しみをもち，大切にしようとする」とは

　飼育・栽培を継続する中で，育てている動物や植物に心を寄せ，愛着をもって接するとともに，それらを命あるものとして愛おしみ，世話をする児童の姿として現れることを求めているものである。

2．生活科の内容（7）「動植物の飼育・栽培」の単元設定のポイント

　本内容が他の内容と異なる点は直接動植物の「生命」と関わることである。「生命」を扱う以上，他の内容以上に配慮が必要である。以下に例を挙げる。

○飼育する動植物の選定：児童による管理　夢や多様な活動の可能性

○保護者・地域・専門家との連携：休日の世話や困った時の連携先

○1日の生活とつなぐ環境の設定：様子を見逃さず，毎日継続できる環境

○2年間をつなぐ計画の作成：1年生の経験を生かす2年生の飼育・栽培活動

3．生活科の内容（7）「動植物の飼育・栽培」の実践例（1年：朝顔の栽培）

（1）単元目標

　朝顔の栽培活動を通して植物に親しみをもち，その成長の様子や特徴，適した世話の仕方などに関心をもって働きかけるとともに，朝顔が自分たちと同じように生命をもっていることに気付き，大切に育てる。

（2）主な学習活動（14時間＋常時活動）

①まいてみたいな（2）：咲く花の予想や種の観察　種まき

②ぐんぐんそだってね！あさがおさん（10）：世話　成長の様子の記録

・気付いたことや困っていることなどを交流する。※以上，常時活動へ

・葉や花で遊ぶ。

※発展として「きれいにさいたよ　あさがおさん発表会」を開く

③ありがとう　あさがおさん（2）：実や種の記録　栽培活動の振り返り

(3) 学習活動の工夫

　観察し，カードに書く方法はよく行われるが，自ら「働きかける」活動になりにくい。そこで，児童と話し合い，自分の考えた「あさがおとなかよし」になるやり方で世話をしたり，様子をよく見たり，触れて気付いたりしたことを交流したところ，朝顔に繰り返し「働きかけ」ながら楽しむ姿が見られた。学期末には花・葉・成長・世話・草花あそびなど，様々な視点で「朝顔さんの伝えたいこと」を決め，保護者に伝える「朝顔まつり」を行うことができた。

図1-6-1　自分の朝顔に「働きかける」児童（筆者撮影）

図1-6-2　家族に知らせたいと開いた朝顔まつり（筆者撮影）

（根本裕美）

Q7　遊びについて述べなさい

1．遊びの意味

　遊びとは，楽しい活動である。生活科での遊びは，ただ楽しいだけでなく，児童が素材や友達などの対象と直接関わったり働きかけたりすることができる活動のことである。その活動を繰り返し行うことを保障することで，生活科での遊びが成立する。遊びとは，自発的で主体的なものである。

　今回の改訂で，自分と友達との関わりをより一層大切にして，楽しみながら遊びを創り出そうという点が強調されている。友達との関わりを通して，友達が作ったおもちゃのよさや自分との違いについて考えたり，満足感や達成感を味わったり，遊びの約束やルールを守ることの大切さに気付いたりする。その過程で，生活科の学習では欠かせない，「○○なおもちゃを作りたい」「もっと○○したい」などのような児童の思いや願いがどんどん生まれるのである。その実現のために，試したり工夫したりするなどの学習活動を繰り返し行っていくようになる。それらが，自分がつくった遊びや日々の生活をより豊かなものにしていこうとする意欲や自信へとつながっていく。

2．身近な自然を利用する遊びと身近にある物を使う遊び

（1）身近な自然を利用する遊び

　身近な自然とは，児童の生活圏にあり児童が遊びのために直接働きかけたり関わったりすることができる自然物や現象のことである。例えば，草花，樹木，木の葉，水，土，風などのことである。児童は，五感などを使ってそれらを十分に味わっていく。一つひとつ大きさや形，触り心地などに違いがあることに気付き，自分の思いや願いをもって，遊びへとつなげていくのである。そして，落ち葉を踏んでその音や感触を楽しむなど，遊びに没頭し遊び込むことの面白さ，「落ち葉にドングリを挟んで運ぶ遊びをつくろう」など，遊びを工夫し遊びを創り出す面白さ，友達と一緒に遊ぶことの面白さな

どを味わっていく。また，「アサガオの花びらを色水にしたら花と同じ色になったよ」など自然の中のきまりらしきものを発見するようにもなる。

（2）身近にある物を使う遊び

身近にある物とは，日常生活の中にあり，遊びに使うものを作ったり遊びを工夫したりするときに使う物のことである。例えば，新聞紙，ペットボトル，紙コップなどの物である。児童は，それらを転がす，飛ばす，浮かべる，鳴らすなど，様々な遊び方を考えていく。例えば「とことこカメ」を例に挙げて考えてみる。乾電池に輪ゴムを付けてねじると，前にとことこと進むおもちゃである。「進んだ距離で点数を競おう」など，遊びを工夫し遊びを創り出す面白さ，友達と一緒に遊ぶことの面白さを味わっていく。また，「どうして真っ直ぐに進まないのかな」など疑問を感じるようになる。

3．みんなと遊びを創り出す

遊びは一人でしてももちろん楽しさを味わえる活動であるが，そこに友達との関わりがあるとより楽しさが増す活動である。遊びを創り出すためには，自分と友達との関わりがとても大切である。友達という対象がいることで，競い合ったり力を合わせたりすることができるからである。また，友達のよさや自分との違いに気付いたり，約束やルールを守って遊ぶことの大切さにも気付いたりしていく。そして，どんどん楽しい遊びが創り出されていく。さらに，互いの関係を豊かにするとともに，日々の生活をより楽しく充実したものにしていこうとする力を育成することにもつながるのである。

参考文献

朝倉淳編著（2018）『平成29年改訂小学校教育課程実践講座　生活』ぎょうせい.

田村学編著（2017）『平成29年版小学校新学習指導要領の展開　生活編』明治図書.

文部科学省（2018）『小学校学習指導要領（平成29年告示）解説生活編』東洋館出版社.

（柳井裕美）

Q8　探検について述べなさい

1．探検するとは

　探検するということは，「未知の」ひと・もの・ことなどを実際に探り調べていくことである。生活科における「探検」は，漠然とした未知の環境に対して，児童が能動的に働きかけ，漠然としたものの中から，問題を発見し，一定の視点で問題解決に迫っていこうとするものである。その際，児童一人一人が抱く小さな疑問や，それらの疑問を積み上げていくことを大切にしていくことが必要である。その活動の中で，児童の知的な好奇心，体全体で対象に働きかける態度，発見する喜び，新たな活動への意欲を育むことが期待される。生活科においては，学校探検や乗り物探検，地域の施設探検，町探検などがある。

2．探検活動の留意点

（1）安全面での配慮

　特に校外で探検活動を行う際は，安全への配慮が十分に必要である。危険個所の周知徹底や，緊急時の連絡方法，安全なルートの把握，引率者の配置など考えておく必要がある。

（2）児童のわくわくする気持ちや「こだわり」を大切に

　未知の「ひと・もの・こと」を調査する探検活動では，結果がどうなるのか分からない面白さがあり，わくわくする気持ちが核となる。また，探検活動は，児童一人一人の「こだわり」に端を発したものでなければ，本物の活動にならない。

（3）じっくり，繰り返し探検し，児童自身の発見があること

　じっくりと対象を探し，五感を使って繰り返し対象と関わる時間をとることで，「！（びっくり）」や「？（はてな）」，「お気に入りのひと・もの・こと」など，児童自身の発見ができるようにする。

（4）児童の気付きを促す

　児童が発見してきたことや，つぶやきを捉えて，教師が問いかけたり助言したりすることで，気付きの質が深まるようにしていく。

３．広島大学附属三原小学校の授業実践例「はっけん！三原のまちのぴかぴかさん」

（1）単元の目標

　「三原ぴかぴかマップ」を作るための探検活動や表現活動を通して，地域の自慢できる所や人に気付くとともに，地域の建物や自然，人々に愛着をもち，積極的に関わっていくことができるようにする。

（2）単元の実際

第1次　三原のまちを　のんびり　おさんぽしよう　　　…12時間
第2次　たんけん！はっけん！三原のまち　　　　　　　…7時間
第3次　わたしだけの　「ぴかぴかさん」を見つけよう　…7時間
第4次　わたしだけの　「ぴかぴかさん」をしょうかいしよう　…6時間

（3）指導上のポイント

　指導上のポイントは以下の3点である。

　1つ目は，じっくりと対象とかかわる時間を確保した点である。単元の初めでは，「お散歩」という形をとって，のんびり町を歩くことで，「もっと三原の町を知りたい。」という思いをもてるようにした。

　2つ目は，児童の疑問や困り感を学級全体で解決する時間を必要に応じて設けることで，対象や友達，周りの人々と関わりや思考を深めていくことができるようにした点である。

　3つ目は，単元終盤で，児童の安全を守ってくれている「ヒーローぴかぴかさん」の存在と自分との関わりを再認識できる場を設定した点である。

参考文献

寺尾慎一編（1999）『生活科・総合的学習重要用語300の基礎知識』明治図書.

（梅野栄治）

第3節　生活科の指導法

‖Q9　環境との関わりについて述べなさい

　児童が自立し生活を豊かにしていくために，生活科では，身近な人々，社会，自然といった環境と自分との関わりを把握できるような活動が重要になる。このことは，生活科の学習対象に，学校での生活環境（学校の施設，学校で働く人，友達，通学路），家庭環境（家族，家庭），地域の社会環境（地域で生活したり働いたりしている人，公共物，公共施設，地域の行事・出来事），自然環境（身近な自然，動物，植物）が含まれていることからも明らかである。生活科の創設期に谷川は，生活科を「つきあい方を学ぶ教科」であると論じている。SDGs（持続可能な開発目標）が唱えられる現代において，生活科で環境との「つきあい方」を学ぶことは，今後の社会や自然との関わり方の礎を築く上でも大きな意味を持っている。

　それでは，生活科の授業で，どのようにすれば環境との豊かな出会いをさせることができるのだろうか。ここでは3つの点を提起する。

　第一に，環境との関わりが児童の必要性によって支えられていることである。例えば，高橋は，第2学年の生活科で，児童の願いからハムスターやカマキリといった生き物を飼育し，1年生に紹介する「動物ランド」を開催したが，その結果，ハムスターが弱って死ぬという出来事が起きた。今度は，「動物も喜ぶランド」をやりたいと児童は願い，生き物の飼育方法を調べるために，バスや電車の乗り方を調べて動物園まで行き，飼育員の話を聞いた。この実践では，生き物との関わりを軸にしながら児童が追究する過程で，必然的に，異学年の児童と関わり，公共施設との関わり方を学んでいる。谷川は，「教師が一方的に引っ張ってしまうのはまずいが，放りっぱなしでは子どもはどう動いていいかわからない」と指摘し，「子どもたち一人ひとりが自分の活動の目当てをしっかり持つこと」の大切さを論じている。

児童が目当てを持つには，追究の必然的な過程の中で，適切な順序と時機に，環境と関わることが求められる。

　第二に，環境との出会わせ方を工夫することである。例えば，石井は，生活科成立前の低学年社会科で，「おかあさんの音」という実践を行った。「家の人のしごと」を調べる際に，「耳をすませて，おかあさんの音をきいて，それをできるだけいっぱい，書いておいで」と課題をだし，「おかあさんがいそがしいとき」は「音もいそがしそう」「音も大きい音」であると気付かせた。有田は，児童の「見る」目を育てるために，「驚きをもって見るようになる」ことが大切であると論じている。生活科で扱う環境は，児童が既に日常生活の中で接している場合もある。見直しの必要性に気付かせるには，五感を働かせるなど，環境との関わらせ方を工夫する必要がある。

　第三に，児童の置かれている個別具体的な環境を理解しながら児童の生活圏にある環境を生かすことである。幼児期の経験や家庭環境は，一人一人の児童で異なっており，配慮が求められる。これに対し，自然環境や社会環境は，学級で共通の土台になる一方，地域によって状況が異なっている。季節が関わる学習は，地域の気候の特色を踏まえる必要がある。身近な地域で，人と出会い，公共施設を利用する体験も欠かせないが，こうした活動を行うには，教師が地域で活用できる資源をよく理解しておく必要があるだろう。

参考文献

有田和正（1986）『子どもの「見る」目を育てる』国土社.

石井重雄（1981）「おかあさんの音」川合章・山住正己・坂元忠芳監修『授業の計画と実践　1・2年［新版］』あゆみ出版，pp.98-102.

高橋正彦（1999）「一人一人を生かす集団学び」『考える子ども』254，pp.4-16.

谷川彰英（1993）『問題解決学習の理論と方法』明治図書.

谷川彰英（1996）『柳田國男　教育論の発生と継承』三一書房.

（村井大介）

Q 10　学習環境づくりの在り方について述べなさい

1．生活科において求められる学習環境

　学習環境には，「安心できる場であること」が求められる。安心して落ち着いて学校生活を送る中で，児童は新しいことに挑戦したり，まだ上手くできないことに取り組んだりすることができる。低学年初期段階では，幼児期における生活環境との共通性を意識した場を構成するこが大切である。

（1）学習環境のポイント

　児童の思いや願いの実現に向けて学習を進めていくことが，生活科の核となる。しかし，全ての児童が，教師の都合の良いように関連する思いや願いを抱いているわけではない。それは，児童一人一人，興味・関心が異なることや生活経験の個人差などが理由として考えられる。そのため，教師は，より一人でも多くの児童の思いや願いを達成するために，意図的な仕掛けや工夫が必要であり，それが学習環境の構成で重要なポイントである。

①活動形態

　生活科の授業を行うにあたり，個人活動にするか，グループ活動にするかは，各活動の単元における目的に応じて決める。例えば，おもちゃづくりにおいて，友達同士の関わりを求める際は，作りたいおもちゃの種類でグループ分けを行う。そうすることで，友達同士で「これは，どうしたら上手くできたの？」「ここは，こうしたらよく回ったよ！」など，相談し合いながら作ることができるようになる。

　また，おもちゃを友達や上級生にお試し遊びをしてもらう場を設定する。遊んでもらう際，おもちゃの遊び方等を伝えることで，どのように相手に伝えたら良いかと思考が深まり，何度も伝えることで表現力も身に付いてくる。遊んでもらった後，アドバイスカードに「よかった所」と「もっとこうしたらいいよ」という内容で記入してもらうと，よりパワーアップしたおもちゃを作ろうという意欲向上にもつなげられる。

②場所・時間

　学校によって，少し広めの教室やテラス等，施設が整っているところもある。しかし，全ての学校にそういった施設はない。普段の教室を使って授業を行うしかないというのが現状である。「ものづくり」の際には，留意が必要である。例えば，道具を使う人の並ぶ枠を設定したり，「ホットボンドを使うのはここ」と道具の場所を決めたりして，安全に配慮することが考えられる。また，教室の真ん中にスペースを確保し，作ったものをすぐに試すことができるようにする。また，時間についても，限られた時数の中で授業を行わなければならないが，教師の都合で決めないようにしたい。個人で没頭できる「一人の時間」を必ず確保することを忘れず，時間設定を行いたい。

③物（材料・道具等）

　児童が達成感や満足感をもつことは必要不可欠である。しかし，児童が欲しい材料を児童にも主体的に集めさせるように心がけたい。道具も同様に，目的に応じて決める必要がある。

④教師の言葉がけ

　学習環境の1つとして，教師の言葉や働きかけも大切である。児童が色々な事象に出会う中で見つけたり，感じたりした面白さや楽しさ，不思議さ等を肯定的に受け止め，共感し，価値付けていく。「前と違うってどういうこと？」と比較を促すような言葉や「本当にそうかな？」と児童が「はっと」するような働きかけも必要に応じて行う。直接的な働きかけとは対照的に，わざと声をかけなかったり，話しかけず待ってみたり等，意図的に距離を保つことで，児童の思考の深まりを促すことにもつながるのである。

参考文献

朝倉淳（2018）『平成29年改訂小学校教育課程実践講座　生活』ぎょうせい.

朝倉淳，永田忠道共編著（2019）『新しい生活科教育の創造－体験を通した資質・能力の育成』学術図書出版社.

広島大学附属東雲小学校（2018）『平成30年度教育研究初等教育』.

（垰本美紀）

Q11　気付きの質を高める指導について述べなさい

1．気付きの質を高めるとは

　生活科においては，創設時から児童が具体的な活動や体験を通して得る気付きを大切にしてきた。この気付きは，対象に対する一人一人の認識であり，児童の主体的な活動によって生まれるものである。気付きは確かな認識へとつながるものであり，平成29年改訂学習指導要領で示された知識及び技能の基礎として大切なものである。

　気付きの質が高まるとは，無自覚だった気付きが自覚されたり，一人一人に生まれた個別の気付きが関連付けられたり，対象のみならず自分自身についての気付きが生まれたりすることである。このように気付きの質を高めていくことで，気付きが実生活の中で生きて働くもの（概念的知識に近いもの）になることが大切である。気付きの質の高まりを整理すると，以下のように整理することができる。

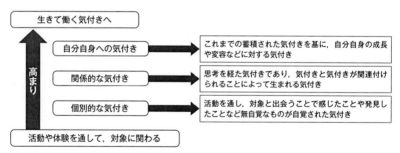

図1-11-1　気付きの質の高まり（筆者作成）

　気付きの質を高めていくには，単元に即して教師が見通しをもち，気付きの質の高まりを整理し，具体的な児童の姿を想定しながら，児童の実態を見取ることが必要である。

2．気付きの質を高める学習指導の在り方

　気付きの質を高めていくには，単に思いや願いを実現する体験活動の充実を図るだけでなく，表現活動を工夫し，体験活動と表現活動が豊かに行き来する相互作用を重視する必要がある。それは，児童が生き生きと楽しく活動する中で様々な気付きをしており，それらについて多様な方法を使って表現することによって，生み出した気付きを自覚することにつながるからである。さらには表現する活動は，気付いたことを基に考え，新たな気付きを生み出し，気付きの質を高めていくことにつながっていく。

　そこで気付きの質を高めていくために，体験活動を充実させることと表現活動を工夫することの２つの視点から単元構成や学習活動を考えていく必要がある。以下２つの視点に関わって配慮したい点を述べる。

（1）体験活動の充実に関わって

①試行錯誤や繰り返す活動を設定する。

　児童が具体的な活動や体験の中で対象に深く関わるために，条件を変えて試したり，再試行したり繰り返したりすることができるような学習活動や学習環境を構成する。なお，試行錯誤の過程は，児童自らが振り返り，気付きを自覚できるようにすることが大切である。

②一人一人の多様性を生かす

　児童が他の児童との共通点や相違点，自分自身のよさを見付けることができるようにするために，児童が得た様々な気付きを板書や掲示物によって可視化し，一人一人の存在を際立たせていくようにする。

（2）表現活動の工夫に関わって

①伝え合い交流する場を工夫する。

　一人一人の気付きを共有するために，単元を通して相手意識や目的意識を明確にして，児童自身が必要感をもって身近な人々と自らの気付きを伝え合うことができるようにする。

②振り返り表現する機会を設ける。

　気付きを自覚したり，関連付けたりするために，多様な表現方法を用いて，振り返る場を単元の中に意図的に設定する。

（若村健一）

Q12　学習評価の考え方と方法について述べなさい

1．生活科における学習評価の在り方

　生活科では，教科の学びの特性から，児童の学習状況の評価は結果よりも活動や体験そのもの（結果に至るまでの過程）を重視して行われる。さまざまな児童の姿を見取り，評価を行うためには，単元や各授業において，目標を明確にし，その学習過程における児童の姿を具体的にイメージしておくことが大切になる。単元計画の段階で，学級の児童を思い浮かべ，予想し，評価規準を満たしている児童の具体的な姿を整理しておく必要がある。

　また，児童の学習状況の評価のほかにも，単元計画や年間指導計画などの評価も行い，今後の授業改善や単元構想に生かすことが求められている。

2．評価方法

　生活科では，児童一人一人の思いや願いが実現できるような授業づくりを行う。そのためには，児童の思いや願いを受け止め共感的に理解することが第1となる。これは，評価においても同様である。

（1）「量的な面」だけでなく「質的な面」から捉える。

　図1-12-1は，秋探し活動後の児童の「秋のおくりもの箱」の写真である。いっぱい集めてきた児童（右）と数個だけの児童（左）を比べると，一見，たくさん集めてきた右の児童がより意欲的に活動したように思われる。しかし，左の児童は，「なかなかいいドングリが見つからなかった」と話した。この

図1-12-1　秋のおくりもの箱

話から，左の児童は，自分のこだわりに合うドングリだけを厳選して持ち

帰ったことが分かる。個別に問いかけることで，児童の活動結果には表れない，学習過程における質的な内容をくみ取ることができる。

（2）児童の姿を多面的に捉え，児童の変容や成長の様子を見取る。

　教師が1単位時間で見取ることができる児童の姿は限られている。だからこそ，児童による自己評価や相互評価，保護者や学習をサポートする人等の情報も重要になる。図1-12-2は児童のワークシートと授業に参加した保護者からの情報例である。様々な立場からの情報を集め，児童の姿を多面的に捉えるようにしていく。家庭での様子や授業以外で見せる児童の姿や会話を記録しておくことも変容や成長を見取ることに役立つ。

図1-12-2　児童のワークシートと保護者からのコメント

　情報を集めるだけでなく，児童が記したワークシートから思いや変容を共感的に読み取る教師自身の力量を高める必要もある。たとえ文章は拙くても，絵からその児童の思いや友達との関わりを読み取ることができる。また，本人は記述していなくても，他の児童の記述にその児童のがんばりや成長が表れることもある。一人一人のワークシートを丁寧に見取り，1枚のワークシートからどれだけの情報を読み取ることができるかは教師の力量にかかっている。

参考文献

朝倉淳・永田忠道共編著（2019）『新しい生活科教育の創造−体験を通した資質・能力の育成』学術図書出版社.

文部科学省（2018）『小学校学習指導要領（平成29年告示）解説生活編』東洋館出版社.　　　　　　　　　　　　　　　　　　　　（石田浩子）

Q 13　観点別学習状況の評価と指導要録の書き方について述べなさい

1．生活科における観点別学習状況の評価

　観点別学習状況の評価は，教科の目標や内容に照らして設定した観点ごとに，子どもの学習状況を分析的に捉えるものである。ここでは，生活科の特色を踏まえつつ，設定される観点と評価の方法について押さえておきたい。

（1）評価の観点

　平成29年改訂学習指導要領において，各教科の目標や内容が育成を目指す資質・能力の3つの柱で整理されたことを受け，観点別学習状況の評価の観点も「知識・技能」，「思考・判断・表現」及び「主体的に学習に取り組む態度」の3観点に整理されることとなった。平成31年改訂指導要録では，表1-13-1のように生活科の評価の観点及びその趣旨が示されている。

表1-13-1　生活科の評価の観点及びその趣旨

観点	知識・技能	思考・判断・表現	主体的に学習に取り組む態度
趣旨	活動や体験の過程において，自分自身，身近な人々，社会及び自然の特徴やよさ，それらの関わり等に気付いているとともに，生活上必要な習慣や技能を身に付けている。	身近な人々，社会及び自然を自分との関わりで捉え，自分自身や自分の生活について考え，表現している。	身近な人々，社会及び自然に自ら働きかけ，意欲や自信をもって学ぼうとしたり，生活を豊かにしようとしている。

（筆者作成）

　「知識・技能」の観点では，従来生活科が重要視してきた「気付き」を基軸に据え，主に自分自身や身近な対象についての気付きを，その質的な高まりも含めて見取ることとなる。また，「思考・判断・表現」の観点では，主に思いや願いの実現に向けた活動の中で具体的に考え，表現する姿を見取ることとなる。さらに，「主体的に学習に取り組む態度」の観点では，主に思いや願いを実現する過程での粘り強さ，そして意欲や自信をもち状況に応じて自

ら働きかけながら学びに取り組む姿を見取ることとなる。

　実際の評価にあたっては，これら評価の観点を踏まえた上で，生活科の内容のまとまり，単元・小単元ごとに評価規準を作成することが求められる。なお，評価規準は，活動や体験の中で立ち現れる具体的な児童の姿として記述することが大切である。

（2）評価の方法

　評価の際，特に児童の活動や体験そのものを重視する生活科では，ペーパーテストよりも他の方法に重きが置かれる場合が多い。教師による行動観察，発言（会話やつぶやき）分析，製作過程を踏まえた作品分析，あるいは児童による自己評価や相互評価など，その中身は多岐に及ぶ。先に挙げた評価の観点はもちろん，個々の評価場面も顧慮しながら方法を選択し，時には組み合わせつつ児童の姿を見取っていくことが重要である。また，様々な評価資料を収集することで，多面的に児童の姿を評価できるよう心掛けたい。

２．指導要録の書き方

　指導要録における「各教科の学習の記録」には，「観点別学習状況の評価」と，これを総括的に捉える「評定」を記入する欄が設けられている。ただし評定に関しては，小学校第3年以上が対象となるため，生活科は観点別学習状況の評価のみを記入することとなる。その際には，3つの観点ごと，「十分満足できる」状況と判断されるものをA，「おおむね満足できる」状況と判断されるものをB，「努力を要する」状況と判断されるものをC，のように区別して3段階で評価を記入する。なお，先述の評価規準との関連でいえば，評価規準に示された姿を「おおむね満足できる」状況（B）として捉え，それに基づいてAとCを判断するのが一般的である。

参考文献
文部科学省（2019）「小学校，中学校，高等学校及び特別支援学校等における児童生徒の学習評価及び指導要録の改善等について」（通知）.

（遠藤優介）

第 5 節　生活科の学習指導計画

Q14　年間指導計画の作成方法と配慮事項について述べなさい

1．年間指導計画の作成方法

　年間指導計画とは，その年度の学習活動の見通しをもつために，１年間の流れの中に単元を位置付けて示したものである。小学校学習指導要領（平成29年告示）解説　生活編（以下，学習指導要領解説）の第５章第２節には，年間指導計画の作成について次のような説明がある。

> 　計画を立てるに当たっては，２学年間を視野に入れた１年間の学習を通して，どのような資質・能力を育成するために，どのような対象と出会わせ，どのような活動や体験をし，どのような表現活動を行うかなど，児童の具体的な姿を想像することが求められる。その際，育成したい資質・能力によって整理された九つの内容を２学年間で網羅するようにする。

2．年間指導計画の配慮事項

　学習指導要領解説には，作成におけるポイントとして，次の6点が挙げられている（78 ～ 86頁参照）。
　①児童一人一人の実態に配慮すること
　②児童の生活圏である地域の環境を生かすこと
　③各教科等との関わりを見通すこと（新設）
　④幼児期の教育や中学年以降の学習との関わりを見通すこと（新設）
　⑤学校内外の教育資源の活用を図ること
　⑥活動や体験に合わせて授業時数を適切に割り振ること
　次頁に年間指導計画の作成モデルを掲載した。「児童の具体的な姿を想像」

し，単元と単元のつながりを意識することが大切になる。

第1学年　年間指導計画

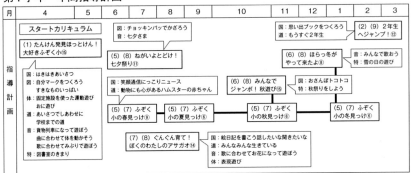

第2学年　年間指導計画

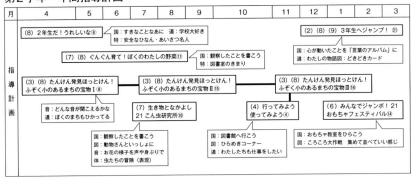

※（　）数字は生活科の内容，下のとおり。　○は時数
　(1) 学校と生活（1年）　(2) 家庭と生活（1，2年）　(3) 地域と生活（2年）
　(4) 公共物や公共施設の利用（2年）　(5) 季節の変化と生活（1年）　(6) 自然
や物を使った遊び（1，2年）　(7) 動植物の飼育・栽培（1，2年）　(8) 生活や出
来事の交流（1，2年）　(9) 自分の成長（1，2年）

図1-14-1　年間指導計画

（由井薗　健）

Q 15　単元計画の作成方法と配慮事項について述べなさい

1．生活科における単元とは

　単元とは，たくさんの教育内容の中から，ある特定の内容を児童の学習活動を考慮しながら選び取って，つくられた教材のまとまりである。多くの場合は教材・題材を単元として扱うことが多いが，生活科では児童の主体的な活動や体験の展開を主軸にした活動のまとまりを単元とする。生活科の単元づくりでは，児童達の日常生活の様々な経験の中から，どのような経験を中心とした学習活動のまとまりをつくるかを考えることが大切である。

2．単元計画の作成方法と配慮事項

（1）「児童の興味・関心」と「教師の願い」とのバランス

　生活科の単元は児童の興味・関心を捉えて構成することが大前提であるが，児童が生活科としての深い学びを得るには，教師が習得すべき資質・能力を設定しておくことも大切である。教師は児童が「やってみたい」「こうなりたい」という思いや願いを可能な限り読み解き，そこにつけたい力を上手く乗せたり，それらをすり寄せたりして単元をつくることが重要である。

（2）伝え合う・振り返る場の設定

　学習活動を質的に高めて行くには，体験活動と表現活動の相互作用が不可欠である。単なる活動や体験の繰り返しではなく，話し合いや交流，伝え合いや発表などの表現活動が適切に位置付けられるように配慮する必要がある。

（3）児童の思いや願いに弾力的に対応する

　児童の思いや願いを重視する観点から，全体を見通す単元名や目標は，後に調整しても構わない。複数の内容を組み合わせて単元を構成したり，授業時数，学習環境，学習形態，指導体制，他教科等との関連や合科的な扱いなどを視野に入れたりして，柔軟かつ思い切った計画も必要である。

3．単元計画作成の例「あきをかんじて」

（1）単元の目標

①校庭で自然と関わり，それらを利用して遊ぶことを通して，秋の自然や，夏との違いや変化に気付くことができるようにする。

②身近な自然物や身近にある物を使って，おもちゃを工夫してつくったり，遊び方を工夫したりして，遊びの面白さや自然の不思議さに気付き，みんなと楽しみながら遊びを創り出すことができる。

（2）単元の計画

第1次　あきを　見つけよう　　　　第4次　つくって　あそぼう

第2次　あきのしぜんで　あそぼう　　第5次　いっしょに　つくろう

第3次　みんなで　あそぼう　　　　　　　　いっしょに　あそぼう

（3）単元作成の実際

教師は秋めく自然を眺めながら，そろそろ児童達が枯葉や実を拾ってくると予想し，目標を①として第1～2次の単元計画を作成した。想定通り，ある子が松かさを朝の会で紹介し，「どこにあったの」「ぼくも見つけたい」という声が上がり，秋を見つける活動が始まった。また，枯葉を紙に貼って絵にしたり秋の実に目や鼻を描いたりして遊び，友達に紹介する活動に自ずと発展した。しかし，その後，実を使ってコマやけん玉などのおもちゃを作る児童が現れ，さらに「幼稚園の友達とも秋を見つけたい」という声が出始めた。そこで，目標②と第3～5次を加えた単元に修正した。このように，児童の思いや願いを主軸にし，そこに教師の願いを乗せ，単元を弾力的に作成することで，児童達にとって意味のある学びとなる。

参考文献

朝倉淳・永田忠道共編著（2019）『新しい生活科教育の創造－体験を通した資質・能力の育成』学術図書出版社.

寺尾慎一編（1999）『生活科・総合的学習重要用語300の基礎知識』明治図書出版.

（間所　泉）

Q 16　幼児期の教育との連携・接続について述べなさい

1．幼児期の教育と生活科

　生活科の学習は，児童が五感を生かして，身近な環境（人や物事）に関わる中で行う。教師が児童にあれこれと教えるよりも，児童が活動や体験の中で，自ら気付き，学んでいくことを大切にする。このように「環境を通した教育」の側面を有しており，幼児期の教育と通じるところがある。

　生活科は，低学年児童の発達に合わせて創設された教科であり，幼児期の教育と小学校の教育を繋ぐ（＝幼小接続）役割を持つ。幼児期の教育は，生活や遊びの中で総合的に行われる。足し算や文字の書き順等を正確に身につけることは求められていない。幼児は，友達に手紙を書きたいという思いで，文字を書いてみようとし，それが学びとなっていく。幼児一人一人の思いを最大限に尊重しながら資質・能力を育む。一方，小学校の教育には，明確な時間割があり，各教科等に学習が分けられている。教科内容の系統性が優先され，幼児期の教育に比べると，児童の思いが生かされない傾向にあった。こうした中で，生活科は児童の思いや願いを基盤とする教科であり，幼児期の教育と親和性が高く，幼小接続の中心となっている。

2．生活科の学習過程と幼小接続

　生活科は，児童が環境の中で，気になること／やりたいことを見つけ，それに自ら迫り，楽しさを味わう道筋を大切にする。学習の結果だけではなく，その過程自体が学習となる。しかし，すべてを児童たちに任せれば良いのではない。教師が，児童に育てたい姿（＝資質・能力）を明確に持ち，教育目標や内容・方法を設定し，カリキュラム（＝学び）をデザインしていく必要がある。教師は，児童一人一人が教育内容に対して，自らの思いや願いを持ち続けられるように，学びを「仕掛ける」役割を持つ。トマトの育て方を教えるのではなく，児童に活動の中で気付いたことを自覚させ，それを友

達と共有していくことができる場づくりや，地域の協力を得られるような体制づくりを行う。児童が，自ら学んでいるという実感を持てることが大切である。生活科を地道に取り組んでいくことが，幼小接続の近道である。

　幼稚園教育要領等では，教育活動の方向性として「幼児期の終わりまでにそだって欲しい姿」（10の姿）が示され，幼児期の学びを小学校以降に繋いでいくことが目指されている。幼小接続は，教師が柔らかな構えで児童一人一人の発達のプロセスやストーリー（文脈や背景）を捉えながら，小学校教育（または幼児期の教育）を確実に行っていくことが鍵となる。

3．スタートカリキュラムと生活科

　新しい環境では，誰もが不安を感じ，力を発揮できないことがある。小学校低学年で「スタートカリキュラム」という柔軟な教育課程編成や学習指導を行うことで，幼小の滑らかな接続が目指されている。これは，生活科を中心に低学年の全教育活動で行う。

　スタートカリキュラムでは，児童たちの体験や経験を大切にし，幼児期の教育での手遊びや歌を取れ入れたり，児童たちの興味や関心に即して，複数の教科等を組み合わせたり関連づけたりといった実践等が行われている。児童たちが「安心・安全」に過ごすことができるようにし，満たされた環境で，児童たちが学びを創り出していく中で，よりよい生活をしていく資質・能力を育てる。スタートカリキュラムは，入学当初に取り組まれることが多いが，2年間の低学年教育の中でじっくり続けたい。

参考文献

文部科学省（2018a）『小学校学習指導要領（平成29年告示）解説生活編』東洋館出版社.

文部科学省（2018b）『幼稚園教育要領解説』フレーベル館.

国立教育政策研究所教育課程研究センター（2018）『発達や学びをつなぐスタートカリキュラム』学事出版.

無藤隆（2009）『幼児教育の原則』ミネルヴァ書房.

（渡邉　巧）

Q 17　第3学年以降の教科等との接続について述べなさい

1．第3学年以降の教科等との接続の意義

　生活科は，小学校低学年にのみ位置付けられた学習であるため，目標や学習内容，方法において，その後の第3学年以降の教科等と密接に関連している教科である。このことは，『小学校学習指導要領（平成29年告示）解説生活編』においても，「生活科改訂の趣旨及び要点」の中で，「中学年（第3学年）以降の教科等との接続」の重要性が指摘されている。

2．学習内容や方法における接続の在り方

（1）第3学年以降の学習の基礎となる生活科

　具体的に，生活科では，「身近な人々」や「社会」,「自然」を「自分との関わり」において学習していく。また，児童たちは事物や現象に直接触れ親しみや興味をもちながら，繰り返し活動や体験を行っていく。そして，生活科において具体的な活動や体験を通して学習した内容や方法は，第3学年から学習が始まる社会科や理科，総合的な学習の時間の基礎となる。

（2）『小学校学習指導要領（平成29年告示）解説生活編』における具体例

　では，生活科の学習内容や方法において，どのような接続が考えられるのだろうか。

　まず，「社会科」の社会的事象の見方・考え方の基礎につながる学習として，身近な地域の様子を絵地図に表したり，公共施設を利用し，学んだことを関連付けて，身の回りにはみんなのものや場所があると気付いたりすることが挙げられる。次に，「理科」の物の性質や働きについての見方・考え方の基礎につながる学習として，空気やゴムなどを使って遊び，楽しみながらも客観的な観察をして，決まりや一定の変化があると気付くことが挙げられる。最後に，「総合的な学習の時間」に連続し，発展する学習として，一体

45

的に学ぶことや自分自身や自分の生活について考えること，具体的な活動や体験を通して考え，問題を解決しながら自らの思いや願いを実現していく学習が挙げられる。

　以上のような具体例の他にも，生活科では，第 3 学年以降の様々な学習につながる可能性を秘めている。

3．第 3 学年以降の教科等への接続における留意点

　生活科では，第 3 学年以降の教科等における学習内容や方法を踏まえて，指導計画を考えていくことも必要であるが，安易に社会科や理科につながる知識習得のための学習にならないように，留意しなければならない。

　例えば，「はたらく人の仕事」を客観的に捉え，その社会的な役割について理解できるようにすることや，限定された特定の素材の働きや性質について理解できるようにすることは，生活科のねらいとは異なる。

　生活科では，まずは児童の思いや願いを大切にしながら，具体的な活動や体験を通して「自分自身，身近な人々，社会及び自然の特徴やよさ，それらの関わり等に気付く」ことがねらいとされている。つまり，思いや願いの実現に向けて，児童が自分と「はたらく人」との関わりを通して，その仕事が自分の生活と結びついていることに気付いていくことが大切にされている。また，自然の事物や事象など，身近にあるものを使った遊びを通して，素材の面白さや自然の不思議さに気付いていくことが大切にされている

　このように，社会科や理科，総合的な学習の時間等のねらいとの違いに留意しつつ，生活科のねらいを達成していくことが重要である。

参考文献

田村学編著（2017）『小学校新学習指導要領の展開　生活編』明治図書.

永田忠道（2019）「生活科の指導計画」朝倉淳・永田忠道共編著『新しい生活科教育の創造』学術図書出版社，pp.65-71.

文部科学省（2018）『小学校学習指導要領（平成 29 年告示）解説生活編』東洋館出版社.

（伊藤公一）

第6節　生活科の教材研究の視点

Q18　学習材づくりの考え方について述べなさい

1.「学習材」という用語のもつ意味

　教材と学習材という2つの用語がある。教材は，教師が教育目標に即して教育内容を教えるために選択し授業で提示する材料を意味する。学習材は，児童が自らの興味・関心・思い・願い，めあてといったものに即して選択し学習活動によって関わっていく対象のことを意味する。このように，2つの用語は一見似ているが，その意味は非なるものである。

　上記の説明からもわかるように，教材には教師が教えるという意味合いが含まれており，児童が具体的な活動や体験を通して能動的に学ぶことを重視する生活科には適合しない。そのため，生活科の登場によって，教材という用語の使用が問い直されることとなった。その際，もともとは個別化教育の文脈で使用されてきた学習材という用語が注目を集め，生活科では教材より学習材が使用されるべきといった主張がなされた。これは，使用する用語の変更という表面的なことに留まらず，教える教師の側から学ぶ児童の側へと視点を転換させ，重心を移動させるという意味をもつ。つまり生活科は，カリキュラムの中で上記のことを引き起こす装置として機能したと言える。現在，生活科において学習材という用語が定着し，加えて，他教科においてもそれが意識的に使用されるようになってきている。

2.　学習材選択の視点

　以上のような学習材に込められた意味を踏まえ，児童にとって有効な学習材とするための選択の視点について考えてみよう。ここでは，以下の4つに精選して示すこととする。

（1）直接関わることができる

生活科は，児童の生活圏である身近な環境における活動や体験を通して，児童が自身の興味・関心や思い・願いをもち，内容をつくりだすという特性をもっている。そのため，手に触れたり，見たり，聴いたりといったように，児童が直接関わることができるものであることが重要となる。

（2）興味・関心や思い・願いを喚起することができる

生活科の学習では，児童が自ら学習材に関わることを通して能動的に学ぶことが企図されているため，児童が学習材に意味を見いだし，自身の学習を動機付けることが不可欠である。そのため，児童の興味・関心や思い・願いを喚起し積極的に関わることができるものであることが大切となる。

（3）活動や体験の多様性を保障することができる

生活科の学習過程においては，児童らの個々の興味・関心や思い・願いに基づいた，その児童ならではの個性的な学びが展開されることが望ましい。そのため，多様な活動や体験を生み出すことができるもの，言い換えれば，活動や体験の多様性を保障することができるものであることが必要となる。

（4）問いや気付き見いだし，変化させることができる

同じく生活科の学習過程においては，児童が一過性の興味・関心や思い・願いに終始せず，それを持続させることで，活動や体験に広がりや深まりをだすことが期待される。そのため問いや気付きを見いだしたり，それらを変化させたりするといった関わり方ができるものであることが大事となる。

参考文献

小泉秀夫（1996）「学習材」中野重人・谷川彰英・無藤隆編『生活科事典』東京書籍，pp.132-133.

末政公徳・富村誠編著（1998）『生活科・学習材の開発と創造的展開』建帛社.

谷川彰英（1991）「学習指導案の革命」日台利夫・谷川彰英編『生活科の指導案づくり』東京書籍，pp.66-77.

日台利夫（2008）「生活科の教材とは」『「教材学」現状と展望（上巻）』協同出版，pp.241-249.

牧口典子（2013）「学習材選択の視点と配慮点」『教材事典－教材研究の理論と実践』東京堂出版，p.212.

（岡田了祐）

Q 19　教科書の活用法について述べなさい

1．学習の見通しをもつ

　生活科は，他教科と異なり，主に児童の思いや願いをもとに学習が構成される。また，活動の中で生まれた「気付き」によって，教師の計画を見直したり活動を取捨選択したりしながら学習が進んでいく。しかしながら，単元によっては，児童に全く見通しがないまま，ただ活動を進めていくと教師のねらいとずれが生じたり，学びの少ない活動になったりしてしまうこともある。そこで，単元全体の大まかな見通しをもたせたい時に，教科書が活用できる。教科書は，ページごとに小単元で行われる活動内容を端的な言葉で表している。この部分だけを確認するだけでも，単元全体の主な活動の流れが見える。例えば，「まちたんけん」の単元は，「まちのことを話そう」「計画を立てよう」「まちたんけんに行こう」「見つけたことを教え合おう」という4つの活動から成る。この大きな流れを児童に意識させた中で，個々の「気付き」を生かした学習を展開していく。

2．生活上必要な習慣や技能指導への活用

　生活科の目標に掲げてある育成すべき資質・能力の（1）「知識及び技能の基礎」として示されているのが，「生活上必要な習慣や技能を身に付ける」ということである。生活科では，「知識」ではなく，日常生活のなかで繰り返されるきまりや行為などの「習慣」を身に付けるとされているところが，他の教科との大きな違いとして挙げられる。

　この「習慣」とは，具体的に，安全や衛生，公共のマナーなどが挙げられる。体験や活動が主となる生活科では，その内容に応じて，毎時間必ずと言って良いほど約束が生じる。ここで，教科書の活用が有効となる。具体的にどのようなルールやきまりがあるかを整理して，子どもたちにイメージをもたせながら指導をすることができる。

例：ものを作る活動……物を大切に使うことや後片付けの仕方

　　校外に出る活動……交通ルール，勝手に行動しないなどの約束

3．資料集や図鑑としての活用

　生活科の学習指導の特質として，個々の気付きや「もっとこうしたい」「これはどうだろう」などの願いや思いで，活動・体験と表現することが繰り返されていく。その中で，「もっと知りたい」「これは何だろう」という思いに対して，知識を広げるために教科書を活用する。例えば，「野さいをそだてよう」という単元では，様々な野菜の種や芽・花などが写真で掲載されている。児童の「他の野菜はどうだろう」「比べてみよう」などという気付きの質を高めるための資料としての活用ができる。また，「うごくうごくわたしのおもちゃ」では，簡単な動くおもちゃの作り方が図鑑のように取り上げられている。試行錯誤を重ねやすく，まずは簡単に自分で作れるおもちゃの例が多数取り上げられている。「生きものとなかよし大作せん」では，身近な生き物の飼い方やえさなどが一覧になっている。加えて，昆虫に関しては成長の過程についても写真と共に掲載されているので，3年以上の理科につながるきっかけになる。児童が，必要なときに自由に教科書を開いて活用できるような使い方，また，教師が気付かせたい内容につなげるための使い方をしたい。

4．表現方法や作品の例

　生活科の目標である「表現することができる」という資質・能力の育成のために，教科書の各単元で多彩な表現方法が取り上げられている。基本である絵と文のカード形式の他にも，マップ・新聞・パンフレット・紙芝居・手紙など，児童自らが様々な表現方法の中から選ぶことで，より主体性をもたせた指導につなげることができる。また，生活科で欠かせない「振り返り」の仕方についても児童の視点で書かれた例が掲載されている。児童が活動していく中で，どのような視点で振り返りを書けばいいのかを確かめる上で有効となる。

（大谷仁美）

第7節　生活科の教師としての資質・能力

▌Q 20　生活科を担当する教師としての資質・能力について述べなさい

　生活科の特徴は他教科と比較した際，小学校第1・2学年に設置された教科であり，「具体的な活動や体験」が前提であるということが挙げられる。この点から生活科を担当する教師には幅広く柔軟な視点での授業づくりや児童理解を行うことが求められる。

1．幅広く柔軟な視点での授業づくり

　この時期の児童は対象と直接やり取りをする中でそのよさや特徴を実感的に理解したり，見出したことを表現したりする。しかし，単に活動を行えばよいわけではない。質を確かなものにしなければならない。そのために，学校内外の環境を把握し，児童が対象に対して繰り返し関わることができる事象（ひと，もの，こと）を見出すのである。各学校で作成されている生活科マップや暦を，教師自身が随時更新することが必要である。

　次に，2年間でどんな資質・能力をどのように育成するかということを考える際には，活動や体験が発展的な繰り返しとなるように単元の配置を考える。その際，該当の第1・2学年だけでなく，就学前と第3学年以降の学習に着目し幅広く考える必要がある。つまり，幼児期における遊びを通した総合的な学びから各教科等の特質に応じた系統的な学びや探究的な学びへと円滑に移行することができるようにするのである。幼稚園や保育所等で，幼児が遊びを通してどのように学んでいるかを参観し，保育者と意図や働きかけ等に関して情報交換を行うと多くの示唆を得ることであろう。

　さらに実際の単元では，立案した計画は柔軟に捉え，児童の思いや願いが発展していくことを大切にすることが肝要である。

2.　幅広く柔軟な視点での児童理解

　児童は思いや願いを抱き，問題解決や目的実現に向けて活動を行う。授業の中で学級共通の目標を設定したり共有したりするが，児童たちの活動は必ずしも同じとは限らない。教師は，個々の児童がどのような思いや願いを抱いているか把握しなければならない。どんなことを楽しんでいるか，何に困っているか，どのように考え，どんな方法で問題を解決しようとしているかといった，感情，思考や方法等に関して幅広く見取る。活動中のつぶやき，表情，しぐさ，友達との会話，ワークシートの記述等を手掛かりにする。この時期は自分の思いや考えを言語化することが難しい児童もいる。そこで教師は児童が様々な方法で表現できるようにするとともに，そこに表されたことを解釈し児童に問いかけたり，意味付けたりする。そのことによって児童自身が自分の考えや取組を自覚したり，肯定感を抱いたり，他者との関わりのきっかけを得られるようにしたりする。児童の様子を見取る際，児童は常に変容しているということに留意しなければならない。家庭や地域でも児童は様々な体験をしており，教師の思い込みで児童を見てはならない。教師が見ているのは，児童の一部である。また，教師は育みたい資質・能力を焦点化し，単元目標を設定し，その視点で活動を見取る。しかし，児童はそれ以外の面でも成長しており，そこを見取ることも必要である。

　活動や体験には失敗はつきものであり，試行錯誤する中で児童は成長する。教師は，児童が失敗を恐れず安心して活動に取り組めるようにする必要がある。そのためには，これまで述べたように幅広く柔軟に児童の様子を見取り，共感的に理解し，見取ったことを誉め言葉で返していくことが大切である。それが児童の意欲を喚起したり自信を与えたりすることにつながる。

参考文献

朝倉淳・永田忠道共編著（2019）『新しい生活科教育の創造』学術図書出版社.

加藤明（1994）『評価から見た生活科の指導』国土社.

吉田豊香（1996）「教師の力量」中野重人他編『生活科事典』東京書籍.

　　　　　　　　　　　　　　　　　　　　　　　　　　　　（石井信孝）

Q 21　生活科における授業研究の進め方について述べなさい

1．生活科の授業研究の特質

　授業研究とは，一般的に学習目標，内容，単元構成，本時案（単元構成の中で公開する時間の指導案），評価等を総合的に計画して，授業を実施した後に実践者や参観者等により客観的に授業分析を行い授業改善するための一連の研究である。本稿では校内研究における授業研究の進め方を中心に解説する。授業研究は，PDCA（Plan，Do，Check，Action; 計画・実践・評価・改善）サイクルを基本に実施されることが多い。生活科では児童の反応や興味・関心の変化に気付き，柔軟に授業を改善しながら進める。そのために毎時間ごとにPDCAを繰り返し，次時に改善策を生かせる授業研究とする。以下，授業研究を授業前・授業実践・授業後の3点にまとめて解説する。

2．授業研究の準備

　授業研究を進めるにあたって，単元全体の授業構想を立てる。生活科の授業構想では，2年間を見通した年間指導計画を立てることが重要である。その年間指導計画に沿って単元計画を立て，学習指導を構想する。

　学習指導案には①児童の実態や願いを把握した授業計画，②児童のあらゆる反応に対応できる柔軟な学習計画，③評価内容や方法を示した評価計画を入れる。生活科では，学年単位や学校，場合によっては地域の願いを生かした研究組織をつくり，複数人のチームで授業研究をすることが望ましい。そのチームで児童の願いをどのように達成するか等の目指す目標を共有し，チームで役割分担をしながら，授業研究を進めるとより充実した授業研究の準備になる。

3．授業の実施

　生活科では，指導計画を内省的に改善するようにしたい。生活科の授業では，教師は児童の学習活動をリアルタイムで省察しながら，児童の願いを生かした授業内容に変更することが肝要である。児童の活動は，教師が考えていた指導案よりも活動内容が深まったり，教師が予想していない活動へと発展したりすることがある。その為には，児童のあらゆる反応を想定して，それに応じた手立てを考えて準備することが大切である。例えば，おもちゃ作りの活動で，おもちゃの材料はゴムや紙コップ，紐などが連想されるが，木っ端，広告紙など，大人にはおもちゃの材料になると思えないような物こそ児童の発想が生かされることがある。他の学校での実践を参考にして，児童に材料を集めさせたりすることも心がけたい。

4．授業研究後の分析と研究協議会の進め方

　授業研究後の分析では，ビデオや児童の行動観察記録，学習中の児童の発言やつぶやき，児童の作品や発表資料を集めて，事実から児童が単元を通して自己の成長を実感できたかという視点に立ち分析をすることが大切である。その際，児童が主体的に学び，生活科の学習に参加しているかが生活科授業研究の評価視点として重要となる。

　また，研究協議会では，従来型の検討会の他にワークショップ形式，KJ法などを取り入れて，授業者，あるいは，参観者全員が事実に基づいて改善案を考えたり，学習による児童の成長を共有したりしながら授業改善を進める。また，研究協議会では，発言が一部の参加者に偏らないように小グループに分けたりして，目標に即した議論が展開できるよう工夫する。

参考文献

歓喜隆司他編著（1995）『現代授業論』ミネルヴァ書房.

木村優編著（2019）『授業研究－実践を変え，理論を革新する』新曜社.

（髙橋　修）

第2章

音楽科

第1節　音楽科の目的・目標

Q1　なぜ学校で音楽を学ぶのか，歴史的な変遷を踏まえて現代における意義を述べなさい

1.「何のために学ぶのか」を共有する

　教育基本法は，義務教育の目的を「各個人の有する能力を伸ばしつつ社会において自立的に生きる基礎を培い，また，国家及び社会の形成者として必要とされる基本的な資質を養う」（第5条第二項）としている。その目的を実現するため，学校教育法では，義務教育の目標の1つとして「生活を明るく豊かにする音楽，美術，文芸その他の芸術について基礎的な理解と技能を養うこと」（第21条九）と規定する。2017（平成29）年改訂の学習指導要領では，各教科等を学ぶことで何が身に付くのかが示され，教育基本法，学校教育法の規定に即し，音楽科では「生活や社会の中の音や音楽と豊かに関わる資質・能力を育成する」という目標が掲げられた。学習指導要領（平成29年告示）解説音楽編によれば，「音楽科は，この目標を実現することによって，生活や社会の中の音や音楽と豊かに関わることのできる人を育てること，そのことによって心豊かな生活を営むことのできる人を育てること，ひいては，心豊かな生活を営むことのできる社会の実現に寄与することを目指している」とされている。

　その背景には，予測困難な社会の変化の中で，子どもたち自身が，学習内容を人生や社会の在り方と結び付けて深く理解し，これからの時代に求められる資質・能力を身に付け，生涯にわたって能動的に学び続けることの重要性が指摘され，各教科等で「何のために学ぶのか」，学ぶ意義を共有しながら，教育課程全体で育成を目指す資質・能力が整理されたことが挙げられる。社会的な課題に直面する中で，「何を知っているか」ではなく「何ができるか」，すなわち，資質・能力（コンピテンシー）をベースとした学力観に舵を

切ることによって示された方向性である。

２．音楽科の歴史的な変遷から学ぶ

　明治期の近代国家の創成における政策対象とされ，1872（明治5）年の学制の規定で小学校に「唱歌」，中学校に「奏楽」という教科が位置付けられて以来，音楽は約150年にわたって学校の教育課程に含まれていた。しかし，なぜ音楽を学ぶのか，その存在理由は決して不動だったわけではない。1881（明治14）年の小学校教則綱領では教科の目的として児童の健康や美徳への言及もあるが，国家主義体制が強化される中で，徳性の涵養の重視とともに国民的情操の醇化が「唱歌」や国民学校期の「芸能科音楽」の目的とされたこともある。

　そうした他律的な教科の在り方に対して，1947（昭和22）年の学習指導要領（試案）では音楽を何かの手段としてではなく，音楽自体として教えることを目指して「音楽美の理解，感得によって高い美的情操と豊かな人間性を養う」という音楽科の目標が設定され，それ以降の学習指導要領の改訂ごとに目標の見直しが行われてきた。

　他方，2012（平成24）年度に実施された学習指導要領実施状況調査（第6学年）では，内容の学習実現状況とあわせて，音楽の学習が，心の豊かさや明るく楽しい生活ができることに結び付くと思った児童が多くいたのに対して，生活や社会に出て役立つと思った児童は少なかったことが報告された。学校でなぜ音楽を学ぶのか，その意義を児童と共有し，児童自身の能動的な学びに結び付く学習指導計画と授業の構想，実施を行うことが重要である。

参考文献・URL

国立教育政策研究所教育課程研究センター「学習指導要領実施状況調査」
　　　https://www.nier.go.jp/kaihatsu/cs_chosa.html　2020年3月7日閲覧.
嶋田由美（2018）『唱歌教育の展開に関する実証的研究』学文社.
塚原康子（2009）『明治国家と雅楽－伝統の近代化／国家の創成』有志舎.

（権藤敦子）

Q2　音楽科における教科の目標について述べなさい

1．目標の構造

小学校音楽科における教科の目標は，次の通りである。

> 　表現及び鑑賞の活動を通して，音楽的な見方・考え方を働かせ，生活や社会の中の音や音楽と豊かに関わる資質・能力を次のとおり育成することを目指す。
> (1) 曲想と音楽の構造などとの関わりについて理解するとともに，表したい音楽表現をするために必要な技能を身に付けるようにする。
> (2) 音楽表現を工夫することや，音楽を味わって聴くことができるようにする。
> (3) 音楽活動の楽しさを体験することを通して，音楽を愛好する心情と音楽に対する感性を育むとともに，音楽に親しむ態度を養い，豊かな情操を培う。

　教科の目標は，冒頭文の「柱書」，(1)，(2)，(3) の目標から成る。柱書には，小学校音楽科が「生活や社会の中の音や音楽と豊かに関わる資質・能力」の育成を目指す教科であると明記されている。児童が，生活や社会の中にある様々な音や音楽との関わりを自ら築き，生活を豊かにしていくことは，音楽科の果たすべき大切な役割であり，音楽を学ぶ意味でもある。

　「生活や社会の中の音や音楽と豊かに関わる資質・能力」は，(1)，(2) 及び (3) を指す。(1) は「知識及び技能」の習得，(2) は「思考力，判断力，表現力等」の育成，(3) は「学びに向かう力，人間性等」の涵養に関することである。

　資質・能力の育成に当たっては，柱書の冒頭に，表現及び鑑賞の活動を通して，「音楽的な見方・考え方」（Q10参照）を働かせて，学習活動に取り組めるようにする必要があることが示されている。従って，小学校音楽科の教科目標は，このような学習によって，(1)，(2)，(3) が実現し，このことによって「生活や社会の中の音や音楽に関する資質・能力」が育成される，という構造になっている。

２．生活や社会の中の音や音楽と豊かに関わる資質・能力

（1）「知識及び技能」の習得－（1）の目標に対応

　前半の「曲想と音楽の構造などとの関わりについて理解する」ことは，知識の習得に関する目標である（表現及び鑑賞領域に共通）。知識の習得とは，曲名や作曲者，記号や用語の名称などの事柄を覚えるだけではない。児童１人１人が，学習の過程において，音楽に対する感性を働かせて感じ取り理解するものである。一方，後半は，技能の習得に関する目標である（表現領域のみ）。「表したい音楽表現をするために必要な」と示すことによって，音楽科で育成する技能は，「思考力，判断力，表現力等の育成」と関わらせて習得できるようにすべき内容であることを明確にしている。

（2）「思考力，判断力，表現力等」の育成－（2）の目標に対応

　「音楽表現を工夫する」ことは，表現領域の「思考力，判断力，表現力等」の育成に関する目標であり，「音楽を味わって聴く」ことは，鑑賞領域の「思考力，判断力，表現力等」の育成に関する目標である。音楽表現を工夫するとは，曲の特徴にふさわしい音楽表現を考えたり（歌唱，器楽），実際に音を出しながら音楽の全体のまとまりなどを考えたり（音楽づくり）して，音楽表現についての思いや意図をもつことである。音楽を味わって聴くとは，曲想と音楽の構造との関わりの理解と関わらせながら，自分にとっての音楽のよさなどを見いだし，曲全体を聴き深めることである。

（3）「学びに向かう力，人間性等」の涵養－（3）の目標に対応

　（3）の目標は，（1）及び（2）の目標を実現する過程において涵養されるものである。これまでの教科の目標のキーワードである「音楽を愛好する心情」，「音楽に対する感性」，「豊かな情操」を育てることを踏襲しつつ，「音楽活動の楽しさを体験すること」「音楽に親しむ態度を養」うことが新たに示されている。このような態度の育成に意を尽くすことが必要である。

参考文献

文部科学省（2018）『小学校学習指導要領（平成29年告示）解説音楽編』東洋館出版社.　　　　　　　　　　　　　　　　　　（津田正之）

第2節　音楽科の内容構成

▌Q3　音楽科の内容構成の特徴について述べなさい

1．指導内容の枠組み

　人間は特定の社会の中で，その文化を学習することによって，自己を形成するが，子どもの「学びの内容」とは，一口で言ってこの文化のことである。そして中でも，学校において学ばれる内容を「教育内容」と呼んでいる。すなわち，「教育内容」とは，一定の教育目的（教育的価値）に従って，意図的に選択された文化の内容を指す。

　2017（平成29）年3月に告示された小学校学習指導要領において，音楽科の内容は，「A表現」「B鑑賞」の2領域，及び〔共通事項〕で構成されている。「A表現」は，歌唱，器楽，音楽づくりの3つの分野からなる。また，〔共通事項〕は，表現及び鑑賞の学習において共通に必要となる内容である。学習指導要領における「内容」は，3つの柱で整理された目標を実現する形で（Q2参照），ア「思考力，判断力，表現力等」，イ「知識」，ウ「技能」の資質・能力の観点から再整理された点に特徴がある。

表2-3-1　音楽科の内容構成（筆者作成）

領域		項目	事項
A表現		（1）歌唱	ア「思考力，判断力，表現力等」　イ「知識」　ウ「技能」
		（2）器楽	ア「思考力，判断力，表現力等」　イ「知識」　ウ「技能」
		（3）音楽づくり	ア「思考力，判断力，表現力等」　イ「知識」　ウ「技能」
	B鑑賞	（1）鑑賞	ア「思考力，判断力，表現力等」　イ「知識」
共通事項		〔共通事項〕	ア「思考力，判断力，表現力等」　イ「知識」

2．内容構成の具体

　以下は，「A表現」から「(1) 歌唱」，「B鑑賞」，〔共通事項〕における「内容」から，高学年の内容を示したものである。（　）は対応する資質・能力を示し，「表現」領域は，「歌唱」分野のみ示した。

　①「表現」「(1) 歌唱」

> ア　歌唱表現についての知識や技能を得たり生かしたりしながら，曲の特徴にふさわしい表現を工夫し，どのように歌うかについて思いや意図をもつこと。（思考力，判断力，表現力等）
>
> イ　曲想と音楽の構造や歌詞の内容との関わりについて理解すること。（知識）
>
> ウ　思いや意図に合った表現をするために必要な次の（ア）から（ウ）までの技能を身に付けること。（技能）
>
> （ア）範唱を聴いたり，ハ長調及びイ短調の楽譜を見たりして歌う技能　（イ）呼吸及び発音の仕方に気を付けて，自然で無理のない，響きのある歌い方で歌う技能　（ウ）各声部の歌声や全体の響き，伴奏を聴いて，声を合わせて歌う技能

　②「鑑賞」

> ア　曲や演奏のよさなどを見いだし，曲全体を味わって聴くこと。（思考力，判断力，表現力等）
>
> イ　曲想及びその変化と，音楽の構造との関わりについて理解すること。（知識）

　③〔共通事項〕

> ア　音楽を形づくっている要素を聴き取り，それらの働きが生み出すよさや面白さ，美しさを感じ取りながら，聴き取ったことと感じ取ったこととの関わりについて考えること。（思考力，判断力，表現力等）
>
> イ　音楽を形づくっている要素及びそれらに関わる音符，休符，記号や用語について，音楽における働きと関わらせて理解すること。（知識）

3．内容構成の特徴

（1）「思考力，判断力，表現力等」に関する事項

　「A表現」「B鑑賞」の事項アをみると，「表現」領域では，どのように歌うか，どのように演奏するか，どのように音楽をつくるかについて思いや意図をもつこと，「鑑賞」領域では，曲や演奏のよさなどを見いだし，曲全体を味わって聴くことに関する具体的な内容が，歌唱，器楽，音楽づくりの各分野の特質や，学年の発達段階や学習の系統性を踏まえて示されている。事項アの冒頭部分には，「知識や技能を得たり生かしたりして」とされ，「思考力，判断力，表現力等」は，学習の過程において，「知識」，「技能」に関する内容と相互に関わらせ，一体的に育てていくことが示されている。従って必ずしも，それらを個別的に育成したり，「知識及び技能」を習得させてから，「思考力，判断力，表現力等」を育成するといった，順序性をもったものでない点に特徴がある。

　次に，〔共通事項〕の事項アにおいては，「音楽を形づくっている要素」を対象とし，「聴き取ったことと感じ取ったこととの関わりについて考えること」と示されている。ここで「音楽を形づくっている要素」とは，「音楽を特徴付けている要素」及び「音楽の仕組み」である（「学習指導要領解説音楽編」「第3　指導計画の作成と内容の取扱い」2（8）参照）。本来聴き取ることと感じ取ることは一体のものだが，「思考力，判断力，表現力等」に関する内容として構成することで，聴き取ったことと感じ取ったことそれぞれを意識化し，確認しながら結び付けていくという思考を働かせ，さらにそれによって聴き取りと感じ取りを深めていく学習の充実を図ったものと言える。

（2）「知識」に関する事項

　音楽科における「知識」とは，曲名や作曲者，曲が生まれた背景，音符，休符，記号や用語の名称など，単に事柄を知ることだけでなく，児童1人1人が，学習の過程において，音楽に対する感性を働かせて感じ取り理解することが重要となる。事項イをみると，「知識」に関する事項は，「○○と△△との関わり」のように示されている点にその特徴をみることができる。ここ

からは，「○○と△△」の間にどのような関わりがあるのかを捉え，理解することが「知識」の習得である，という音楽科の「知識」についての考え方が了解されるであろう。

「表現」及び「鑑賞」では，「曲想と音楽の構造との関わり」などを理解することに関する具体的な内容が，各領域や各分野の特質，学年の発達段階や学習の系統性を踏まえて示されている。ここで言う「曲想」とは，その音楽に固有の雰囲気や表情，味わいであり，「音楽の構造」とは，音楽を形づくっている要素の表れ方や，音楽を特徴付けている要素と音楽の仕組みとの関わり合いである。「曲想と音楽の構造の関わり合いについて理解する」とは，例えば，「落ち着いた感じから明るい感じに変わったのは，低い音域で旋律が繰り返されている前半に比べて，後半は旋律の音域が高くなり，音の重なり方が少しずつ変化しているから」といったことを，活動を通して，自ら捉え，理解することと言える。

また，〔共通事項〕の事項イでは，「音楽を形づくっている要素」（「音楽を特徴付けている要素」及び「音楽の仕組み」。「学習指導要領解説音楽編」「第3　指導計画の作成と内容の取扱い」2 (8) 参照）及びそれらに関する音符，休符，記号や用語について「音楽における働き」との関わりの中で理解することが示されており，音楽科の「知識」の特質をみることができる。

（3）「技能」に関する事項

音楽科における「技能」とは，歌を歌う，楽器を演奏する，音楽をつくるといった音楽表現の技能である。「表現」領域の歌唱，器楽，音楽づくりの分野においては，複数の技能が位置付けられているが，大切なことは，これらの技能が，表したい音楽表現，すなわち思いや意図に合った表現などをするために必要なものとして位置付けられている点である。音楽科における「技能」は，「思考力，判断力，表現力等」の育成と関わらせて，習得できるようにすべき内容であることに留意したい。

参考文献

文部科学省（2018）『小学校学習指導要領（平成29年告示）解説音楽編』東洋館出版社.　　　　　　　　　　　　　　　　　　　　（笹野恵理子）

第3節　音楽科の指導法

Q4 音楽科における学習過程では，どのようなことに配慮したらよいか述べなさい

1．学習過程のスパン

　まず，「学習過程」にはいくつかのスパン（時間の幅）があることを念頭に置きたい。1コマの授業（標準45分間）における学習過程がもっとも短いスパンである。次いで，1題材の学習過程である。数コマの授業で1つの題材を組むことが多いが，その題材をどのような学習の流れで学習を構成するのか，というのが題材の学習過程ということになる。もっと大きなスパンでみると，年間を通した学習過程を展望することもできる。

2．「ねらい」を明らかにする

　学習過程を考える際，最も大切にしたいことの1つに「ねらい」を明確にするということがある。音楽の授業で散見されるのは，45分間ずっと歌っているだけ，あるいはリコーダーを吹いているだけの授業である。児童が何かを考える場面もなく，ひたすらに技能の訓練を行う授業は，もはや学習ではなくレッスンと言うべきものだろう。

　その授業が学習として成立するためには，授業を通して音楽の「何か」を学ぶ必要がある。「何を学ばせるか」がその授業のねらいとなる。授業者は，常にこのねらいに向かって授業を進めなくてはならない。

　では，「何を」学ばせたらよいのか。この問題を解く鍵は学習指導要領に示されている〔共通事項〕にあると言ってよい。例えば，「ハンガリー舞曲第5番」（ブラームス）を鑑賞して，単に曲の感想を児童に求めるのではなく，「速度の変化」の面白さを感じ取らせる，など授業のねらいを明確にすることが求められる。単に感想を求めただけでも，児童は様々に感想を表現

することが予測されるが，それでは教師の定めた授業の意図に児童の発言が収れんされるとは限らず，授業が焦点化されない。焦点化されたねらいがあるからこそ，児童の学びを見取ることができるのである。

3．音楽活動を中心に

例えば，前掲した「ハンガリー舞曲第5番」の鑑賞の授業。ねらいである「速度の変化」を聴き取らせることは，実はそんなに難しいものではない。「速さが変わるのがわかるかな？」と教師が言ってから音楽を一度聴かせれば，児童は「速さが確かに変わりました」と言うだろう。学習としては成立している。しかし，大切なのは速度の変化を面白いと感じさせるところにある。そのためには，何度もこの音楽を聴かせる必要があり，その中で何らかの方法を用いて「速度の変化が面白い！」と児童に感じ取らせる必要がある。この場合，例えば指揮の動作をしながら音楽を聴かせれば，自然に速度の変化に気付き，その面白さを感じ取ることにつながるだろう。

鑑賞に限らず45分の授業の中で，十分に音楽活動の時間を確保し，音楽の面白さを感得させられるような学習過程をつくる配慮が大切なのである。

4．活動を通してねらいに迫る，領域や分野の関連を図る

1コマの授業の学習過程では，ねらいを明確にし，そのねらいが達成できるような学習過程を工夫することが肝要である。その際，教師が発問して，それに児童が答えてねらいに迫っていくだけではなく，演奏したり，つくったり，聴いたりといった音楽活動を通して児童が話し合ったり考えたりしながら，ねらいに迫っていくことも非常に大切である。そのために，授業者が学習過程を工夫し，発問や指示，アドバイスなどを適切に行うのである。

また，1題材，あるいはもっと長いスパンの学習過程を展望するとき，表現領域と鑑賞領域，また歌唱，器楽，音楽づくり，鑑賞といった分野を効果的に関連させ，バランスのよい音楽学習になるように配慮する必要があるだろう。その時，児童が音楽的な見方・考え方を働かせることができるよう，〔共通事項〕を支えとした日常的な授業の構築が大切となる。　　（髙倉弘光）

Q5 「主体的・対話的で深い学び」の視点から，音楽科における授業改善を行うには，どのようなことが大切か述べなさい

1．基本的な考え方を理解する

　平成29年改訂小学校学習指導要要領における授業改善のキーワードが，「主体的・対話的で深い学び」である。ここでは，学習指導要領音楽科に示されている配慮事項（下記）をもとに，基本的な考え方を述べる。

「第3　指導計画の作成と内容の取扱い」1　　　　　　　　（下線：引用者）
(1) 題材など内容や時間のまとまりを見通して，その中で育む資質・能力の育成に向けて，児童の主体的・対話的で深い学びの実現を図るようにすること。その際，音楽的な見方・考え方を働かせ，他者と協働しながら，音楽表現を生み出したり音楽を聴いてそのよさなどを見いだしたりするなど，思考，判断し，表現する一連の過程を大切にした学習の充実を図ること。

（1）資質・能力を育成するための手立てである

　主体的・対話的で深い学びの実現は，それ自体を目的とするものではない。「知識及び技能」，「思考力，判断力，表現力等」，「学びに向かう力，人間性等」の育成を偏りなく実現できるようにするための手立てである。

（2）「不易」の継承・発展である

　「主体的な学び」，「対話的な学び」，「深い学び」は，優れた授業実践に見られる普遍的な視点であり，これらの視点による授業改善は，「流行」ではなく「不易」の継承・発展である。また，「思考，判断し，表現する一連の過程」は，これまでの授業実践においても大切にされてきたことである。

（3）題材など内容や時間のまとまりの中で実現されるものである

　必ずしも1単位時間の授業の中で，すべての学びが実現されるものではない。題材など内容や時間のまとまりを見通して，「主体的な学び」，「対話的な学び」，「深い学び」の場面の組立を考え，授業改善を図っていくものである。

2．授業改善のポイントを把握する

（1）「主体的な学び」の視点から

「主体的な学び」の視点から授業を改善するには，次のことができるよう，指導を工夫することが大切である。

・児童が，教材曲の特徴など学習内容に興味・関心をもち，学習の見通しをもって粘り強く取り組めるようにすること。

・児童が，学習したことを振り返って，学んだことや自分の変容を自覚できるようにし，次の学びにつなげることができるようにすること。

（2）「対話的な学び」の視点から

「対話的な学び」の視点から授業を改善するには，児童が，他者との対話によって，自分の考えなどを広げたり深めたりできるよう，指導を工夫することが大切である。その際，音楽室内での子ども同士や教師と子どもとの対話だけではなく，地域の方，我が国の諸地域や諸外国における先哲など，空間や時間を超えた幅広い対象との対話を組織することも，重要な手立てとなる。

（3）深い学びの視点から

音楽科の学びの深まりの鍵になるのが「音楽的な見方・考え方」（Q10参照）である。音楽に対する感性を働かせ，音や音楽を，音楽を形づくっている要素とその働きの視点で捉え，捉えたことと，自己のイメージや感情，生活や文化などとを関連付けているとき，音楽的な見方・考え方が働いていると考えられる。「深い学びの視点」から授業を改善するために重要となるのは，学習の過程や学習活動において，児童が「音楽的な見方・考え方」を働かせることができるよう，指導を工夫することが大切である。

参考文献・URL

文部科学省（2018）『小学校学習指導要領（平成29年告示）解説音楽編』東洋館出版社.

文部科学省（2019）「平成29年改訂の小・中学校学習指導要領に関するQ&A」https://www.mext.go.jp/content/1422354_001.pdf.

（津田正之）

Q6　障害のある児童などが，音楽科の学習活動を行う場合に生じる困難さに応じた指導内容や指導方法の工夫について述べなさい

1．どのような困難さがあるか

　近年，通常の学級においても教育的支援を要する児童が増えてきている。学習障害（LD）や注意欠陥多動性障害（ADHD），高機能自閉症など，さま様々な学習に対する困難さをもつ児童が1つの教室に存在する場合がある。加えて，特別支援学級からの通級児童もいるので，どの児童がどのような学習に対する困難をもっているのか，まずは把握することが大切なことである。

　『小学校学習指導要領（平成29年告示）解説音楽編』では，「見えにくさ」「聞こえにくさ」「道具の操作の困難さ」「移動上の制約」「健康面や安全面での制約」「発音のしにくさ」「心理的な不安定」「人間関係形成の困難さ」「読み書きや計算等の困難さ」「注意の集中を持続することが苦手であること」などが，学習上の困難さの例として挙げられている。

2．困難さに応じた指導方法の工夫について

　授業を構想する際，支援を必要とする児童の実態に応じて指導案を作成するが，音楽科の目標や内容の趣旨，学習活動のねらいを踏まえ，学習内容の変更や学習活動の代替を安易に行わないよう留意するとともに，児童の学習負担や心理面にも配慮する必要がある。

　指導方法の工夫については，個々の児童に応じた配慮をすることが基本となるだろう。

　例えば，見えにくさに対応する配慮として，楽譜を大きく拡大したものを提示するとか，多声部など情報量の多い楽譜に関しては，対象となる児童に必要な部分だけを取り出して提示することが考えられる。

　また，音楽を形づくっている要素の聴き取りが難しい場合は，要素に着目

しやすくなるよう，音楽に合わせて一緒に拍を打ったり，体を動かしたりするなどして，要素の表れ方を視覚化，動作化するなどの配慮が考えられる。

　また，通常3学年以上で取り扱われるリコーダーについては，小さな穴をきちんと指で押さえられない児童もいる。ベテラン教師の中には，市販されている「魚の目パッド」（魚の目を保護するためのドーナツ型のウレタン素材でできているもの。中の穴の大きさがちょうどリコーダーと同じサイズのものがある）をリコーダーのすべての穴に貼り付ける工夫をしている。こうすることで，パッドを触るだけで穴がうまく塞がり，出したい音が出るようになる。これは，ちょっとした配慮，工夫で，道具の操作に困難のある児童が，自信をもって学習に取り組むことが可能となる好例と言えるだろう。

　人間関係形成に困難を抱える児童は，友達の考えを受け容れられなかったり，自分の考えが通らないと怒りだしてしまったりする。その場合，グループ活動に影響が出る場合を想定し，困難を抱える児童を温かなムードで迎えられる構成になるよう，グループづくりの段階で配慮することも考えられる。

3. 困難さに応じた指導内容の工夫について

　前述したように，リコーダーなど楽器の演奏に困難を抱える児童もいる。器楽合奏の学習では，その児童の特性に鑑みてパート分けをする際に配慮するとよいだろう。リコーダーの操作に困難があるようならば，打楽器のパートを任せたりすることも考えられる。

　音楽づくりの学習では，例えば旋律を伴う音楽をつくって演奏することがあるだろう。その際，グループにリコーダーの操作に困難のある児童がいれば，つくった音楽に適した他の楽器を演奏することを教師が提案することも考えられる。必ずしも旋律楽器ではなくてもよい，という指導内容の柔軟な扱いをする配慮，工夫も考えられるだろう。

参考文献
津田正之（2017）「音楽科における学びの過程における困難さに対する授業の工夫」『初等教育資料』No.957，2017年8月号，pp.24-25.

（髙倉弘光）

Q7 体全体で音楽を感じ取るには，発達段階に応じてどのような指導を行うとよいか，また留意すべき点は何か述べなさい

1．どの領域・分野においても有効な「体を動かす活動」

音楽科の授業において，「体を動かす」ということを聞くと，ダンスなどの踊りを想起するかもしれない。だが，そうではない。音楽に合わせて体を動かし，その楽しさを味わうということが，音楽科の授業で体を動かす目的ではない。

学習指導要領では，「音楽との一体感を味わい，想像力を働かせて音楽と関わることができるよう，指導のねらいに即して体を動かす活動を取り入れること」と記述されている。体を動かすことが，音楽の全体や部分をよりよく理解し，味わうことにつながるのである。

体を動かす活動は，歌唱，器楽，音楽づくり，鑑賞，すべての領域・分野において有効である。

例えば，歌唱の学習では，旋律の音の高さを手や腕の動きで表すことを通して，音の高低を意識できるようになることや，フレーズの長さを腕の動きで感じ取るようにすることが考えられる。また，器楽の学習では，例えばシンコペーションのリズムをよりよく感じ取るために，手拍子でそのリズムを打ったり，ステップをしたりと，体のいろいろな部分でリズムを再現することも考えられる。

音楽づくりでは，例えば友達とリズムをつなげたり重ねたりして音楽をつくる学習があり，その際，体全体を使った音楽表現をすることが考えられる。体全体を使うことで，音色や強弱など様々な音楽表現の工夫が生まれることが期待できるのである。

鑑賞では，教材とする音楽の，特定の部分に反応して体を動かしたり，音楽全体を体の動きで表したりする活動も行われる。

このように，すべての領域・分野で体を動かす活動は有効に働くのである。

2．発達段階を考慮した学習活動の展開

一般的に，低学年ほど体全体を動かすことを好み，高学年ほど体を動かすことに抵抗を感じると言われている。この傾向に鑑みて，低学年では体全体を使って音楽との一体感を味わえるような活動をダイナミックに行うことが望ましい。例えば，「おちゃらか」「なべなべそこぬけ」などのわらべうたを使い，遊びを通して音楽を体全体で感じ取るなどの活動もある。その際，強弱や速度などの変化を感じ取らせることが主なねらいとなるが，わらべうたの場合，特に低学年では大切となるスキンシップを図る効果も期待できる。体を動かす活動の1つの利点と言えよう。

また，すべての学年で有効な活動には，音楽に合わせて歩く活動がある。このとき「音楽に合わせて」，というのは「拍に合わせて」と同義になる（拍のある音楽の場合）。拍に合わせて歩くことは心地よく感じられ，その音楽との一体感を味わい，想像力を働かせることにもつながるだろう。

高学年になると，体全体を動かすことに抵抗を感じることもある。例えば，鑑賞の学習で音楽の特定の部分を聴き取り，そのよさや面白さを感じ取るために，手を挙げたり，起立したりするという，体の一部分を動かす活動がある。この方法なら抵抗感もなく，かつ学習の効果も上がるだろう。また，音楽全体を体の動きで表現することで，音楽との一体感を味わう学習も行わせたい。その際，スカーフやボール，スティックなどの小道具を持たせることも大変有効である。動くことへの抵抗感がかなり軽減できるからだ。

3．指導のねらいを実現するための「体を動かす活動」

先にも述べたが，体を動かすことが一義的な目的ではない。体を動かす活動を取り入れることで，音楽的な見方・考え方を働かせ，音楽の特徴を理解したり，よさを味わって聴いたりする学習を深めたりできるようにするなど，体を動かす活動は，指導のねらいを実現するための手立てであることに留意する必要がある。

（髙倉弘光）

Q8　我が国や郷土の音楽，諸外国の音楽の指導における工夫について述べなさい

1．様々な音楽との出会い

「我が国や郷土の音楽」「諸外国の音楽」と聞いて，どのような音楽を思い浮かべるだろうか。そして，その音楽は，どこで，誰によって，どのように伝承されてきたのか，現在どのように演奏・上演されているのだろうか。どんな音がするのだろうか。どんな楽器が使われているのだろうか。

授業をつくる際，音響として鳴り響く音や音楽に向き合うとともに，音や音楽と背景となる生活や社会，伝統や文化との関わりを考えるなど，まず教師自身が音楽的な見方・考え方を働かせて教材研究を深めていくことが重要となる。現在は，インターネット上の映像資料やDVD付の図書等，入手可能な視聴覚資料も増加している。教材研究を深めることで，資質・能力の育成に向けて，主体的・対話的で深い学びを実現できるようにしたい。

しかし，日頃なじみのないものに対して違和感を抱いたり，受け入れられなかったりすることはよくあることである。その特徴を捉えたり，味わったりすることはなお難しい。また，児童にとっても，教師にとっても，生活の中で耳にする音楽の範囲は多くの場合限られている。そうした状況において，なぜ，我が国や郷土の音楽，諸外国の音楽を学校で学ぶのか，どうすれば児童の主体的な学習活動が可能になり，知識理解を深めることができるようになるのか，教師自身が的確につかんで指導を工夫していくことが求められている。

小学校学習指導要領音楽科の改訂の基本的な考え方には「我が国や郷土の音楽に親しみ，よさを一層味わうことができるよう，和楽器を含む我が国や郷土の音楽の学習の充実を図る」ことが挙げられ，平成29年改訂小学校学習指導要領の学年の目標では，「様々な音楽に親しむ」ことが「学びに向かう力，人間性等」の涵養に関する目標として位置付けられた。学習指導要領解説によれば，様々な音楽に親しむとは，「表現や鑑賞の活動を通して，児童

が我が国や諸外国の様々な音楽に出会い，それらの音楽に親しむようにすること」とされ，低学年の身の回りの様々な音楽から，発達段階に応じて，児童が出会う音楽の範囲が広がっていくように示している，と説明されている。

　具体的には，鑑賞教材を選択する観点として，低学年では「我が国及び諸外国のわらべうたや遊びうた」，中学年では「和楽器の音楽を含めた我が国の音楽，郷土の音楽，諸外国に伝わる民謡など生活との関わりを捉えやすい音楽」，高学年では「和楽器の音楽を含めた我が国の音楽や諸外国の音楽など文化との関わりを捉えやすい音楽」を取り扱うことが「3内容の取扱い」に示されている。学習指導要領解説には，「我が国や諸外国の音楽を身近に感じることができるわらべうたや遊びうた」「人々の生活との関わりを捉えやすい音楽」「我が国の伝統や文化への理解を深め，諸外国の文化への興味・関心をもたせる音楽」等，具体的に示されている。

　表現領域では，歌唱共通教材として，引き続き，わらべうたの「ひらいたひらいた」（第1学年），日本古謡の「うさぎ」（第3学年），「さくらさくら」（第4学年），「子もり歌」（第5学年），「越天楽今様」（第6学年）を取り扱うこととされた。楽器の選択については，これまで高学年において取り上げる旋律楽器として例示されていた和楽器が，中学年の例示にも加えられた。さらに，我が国や郷土の音楽の指導にあたっての配慮事項として，「音源や楽譜等の示し方，伴奏の仕方，曲に合った歌い方や楽器の演奏の仕方などの指導方法を工夫すること」が新たに示された。

　カリキュラム・マネジメントの視点からは，人々の生活や文化などの背景と音楽の関わりを捉える学習を総合的な学習の時間や社会科など他教科等と連携しながら進めたり，第1学年の場合には，わらべうた・遊びうたをスタートカリキュラムで取り上げ，生活科等と連携したりすることも可能である。

　子どもの発達段階の視点からは，幼稚園教育要領の環境領域の「内容の取り扱い」に示された「文化や伝統に親しむ際には，正月や節句など我が国の伝統的な行事，国歌，唱歌，わらべうたや我が国の伝統的な遊びに親しんだり，異なる文化に触れる活動に親しんだりすることを通じて，社会とのつながりの意識や国際理解の意識の芽生えなどが養われるようにすること」，中

学校学習指導要領で，伝統的な歌唱を取り扱う際に「その表現活動を通して，生徒が我が国や郷土の伝統音楽のよさを味わい，愛着をもつことができるよう工夫すること」と示された内容も踏まえて，系統的な見通しが必要である。

2．我が国や郷土の音楽の指導

　日本の音楽は，古くからアジア，西洋など諸外国の音楽や楽器を受け入れつつ，社会や地域の状況に合わせて独自に発展し，それぞれに定着，変遷を繰り返し，伝承されてきた。それらの音楽は過去の遺産ではなく，今もなお変化を続ける現在進行形の我が国の音楽である。社会に開かれた教育課程への取組の一環として，児童や学校，地域の実態に応じて，その音楽・芸能を伝承している方にゲストティーチャーを依頼し，協働して授業をつくることも一案である。

　日本の音楽は日常私たちが話している言葉との結び付きを強くもっている。例えば，わらべうたにはよく知られたなわとびうた，じゃんけんうた，絵描きうた等の遊びうたの他に，数を数える，となえごと，悪口，しりとり，早口ことば等も含まれる。いわば，歌や音楽と認識される音と，言葉が非連続に存在している。音程が定まらない唱えであっても，一定の拍感，リズム感が備わっていたり，「あ〜そ〜ぼ」「は〜い」と少し呼びかけ方，応え方を変えると，そこに伝統的な音組織に発展する旋律法の萌芽が含まれていたりする。子どもたちが夢中になって遊ぶ中に，伝統的な日本の音楽，郷土の音楽へとつながる要素があることを認識し，なじみのある日本語，身体性と結び付いた活動を通して，発達段階に応じた学習を工夫したい。

　また，和楽器の学習にも言葉との連続性が見られる。例えば，伝統的なお稽古では，テントンシャン，チリカラチリトトなどのように，楽器の音を口で唱える「口唱歌」を活用して，その音楽のニュアンスや演奏の仕方が伝えられてきた。その音楽ならではの見方・考え方に即して，五線譜を用いず，口頭伝承の豊かな世界を経験しながら，「さくらさくら」を「ツンツンテン（ソーレ）」と唱えてみるところに，箏の音色や間の感覚などに気付いて学習を深めていくきっかけが存在する。

3．諸外国の音楽の指導

　諸外国の音楽の多様性に触れ，自文化について再認識したり，価値観を拡大し，文化相対的なものの見方を働かせたりする経験は，他者の存在や価値観を認めたり，共感したりという相互理解にも結び付く。表面的な紹介に終わるのではなく，教材づくりの工夫を行い，児童がその音楽に直接関わる活動を工夫したい。

　例えば，神戸市の松下行馬教諭は，4年生を対象に「インドの音楽に親しもう」という題材開発を行い，北インド古典音楽の鑑賞をするとともに，「インド風かえるの合唱」というオリジナル教材を用いて，ドローン，ラーガ，ターラを取り入れた音楽づくりの活動を取り入れている（2019年実施）。この授業では，音楽づくりを通してその音楽の様式的な特徴を児童が自らつかみ，インドの音楽の面白さを感じるとともに，これまで学習してきた旋律，音階という音楽を形づくっている要素を相対的に捉えて学びを深めている。

参考文献・URL

久保田敏子・藤田隆則編（2008）『日本の伝統音楽を伝える価値−教育現場と日本音楽』京都市立芸術大学日本伝統音楽研究センター．

小泉文夫記念資料室「アジアの楽器図鑑」https://www.geidai.ac.jp/labs/koizumi/asia/jp/index.html　2020年3月13日閲覧．

田中多佳子監修小学校高学年・中学校用音楽科教材「世界の音楽」シリーズ①「インド音楽の魅力・北インド古典音楽」（京都教育大学公式YouTube）https://www.youtube.com/watch?v=d9ndf7jTwKE　2020年3月13日閲覧．

日本音楽の教育と研究をつなぐ会編・徳丸吉彦監修（2019）『唱歌で学ぶ日本音楽』音楽之友社．

山口修・加藤富美子・川口明子監修（2004）『アジアの音楽と文化』ビクターエンタテインメント．

（権藤敦子）

第4節　音楽科の評価法

Q9　音楽科の学習評価の考え方及び方法について述べなさい

1．学習評価の基本的な考え方

（1）学習改善，指導改善につながるものであること

学習評価は，学校における教育活動に関し，児童の学習状況を評価するものである。ここでいう学習状況とは，教師の「学習指導」に対する児童の「学習状況」である。指導と評価は一体であることを前提にする必要がある。

その上で，「児童の学習改善」や「教師の指導改善」につながるものにしていくことが重要である。例えば，次のようなことが考えられる。

・曲のよさについて紹介文の記述が，感じ取った印象に留まっている児童に対して，「音楽的な理由をもとに，曲のよさを伝えてみよう」と働きかけること

・音楽表現を工夫する学習状況が停滞していた前時を踏まえて，次時では，曲の特徴を全体で確認し，知識を生かしながら音楽表現を工夫できるように指導の改善を図ること

（2）学習指導要領と，観点別学習状況の評価の観点との関係

平成29年改訂の学習指導要領は，全ての教科等の「目標」及び「内容」が，育成を目指す「資質・能力の3つの柱」で再整理されたこと，これを受けて，観点別学習状況の評価の観点については，小・中・高等学校の各教科等を通じて，次の3観点に整理されたことが特徴である。

資質・能力の3つの柱		評価の3観点
「知識及び技能」	→	「知識・技能」
「思考力，判断力，表現力等」	→	「思考・判断・表現」
「学びに向かう力，人間性等」	→	「主体的に学習に取り組む態度」

　このうち「知識及び技能」と「思考力，判断力，表現力等」については，そのまま観点別評価の観点に対応する。一方，「学びに向かう力，人間性等」については，「主体的に学習に取り組む態度」として観点別評価を通じて見取ることができる部分と，観点別評価や評定にはなじまず，こうした評価では示しきれないことから個人内評価（個人のよい点や可能性，進歩の状況について評価する）を通じて見取る側面があることに留意する必要がある。

　以上のことは，音楽科においても同様である。改善等通知「音楽（1）評価の観点及びその趣旨＜小学校音楽＞」（文部科学省2019，別紙p.14）を示す。

知識・技能	思考・判断・表現	主体的に学習に取り組む態度
・曲想と音楽の構造との関わりについて理解している。【知識】 ・表したい音楽表現をするために必要な技能を身に付け，歌ったり，演奏したり，音楽をつくったりしている。【技能】	<u>音楽を形づくっている要素を聴き取り，それらの働きが生み出すよさや面白さ，美しさを感じ取りながら，</u>聴き取ったことと感じ取ったこととの関わりについて考え，<u>どのように表すかについて思いや意図をもったり，曲や演奏のよさなどを見いだし，音楽を味わって聴いたりしている。</u>	音や音楽に親しむことができるよう，音楽活動を楽しみながら主体的・協働的に表現及び鑑賞の学習活動に取り組もうとしている。 ※【　】，下線：引用者

　小学校音楽科の評価の観点及びその趣旨は，教科及び学年の目標，内容と整合するように示されている。知識と技能については，目標では一文で示されているが，観点の趣旨では分けて示されている。「A表現」の内容が，知識の習得（事項イ）と技能の習得（事項ウ）とに分けて示されていること，技能の習得が，「A表現」のみに示されていることを踏まえたものである。

　「思考・判断・表現」の観点の趣旨には，〔共通事項〕の思考力，判断力，表現力等に関すること（事項ア）とともに，「A表現」（歌唱，器楽，音楽づくり）の思考力，判断力，表現力等に関すること（事項ア），「B鑑賞」の思考力，判断力，表現力等に関すること（事項ア）について示されている。

　「主体的に学習に取り組む態度」の観点の趣旨には，冒頭に「音や音楽に親しむことができるよう」という音楽科の学習の目指す方向性が示されるとともに，「主体的・協働的に」は，児童が自ら音楽に関わっていくことの重要性や，他者との協働的な音楽活動が中心となる音楽科の学びの特質が示されている。なお，趣旨に示された「学習活動」とは，その題材における「知識

及び技能」の習得,「思考力,判断力,表現力等」の育成に係る学習活動全体を指すものである。

２．学習評価の方法

　学習指導と学習評価の計画は,基本的に各題材レベルで次のように進める。

（1）題材の評価規準の設定

　学習指導要領の目標や内容,児童の実態や扱う教材の特徴などを踏まえ,題材の目標を設定し,題材の目標に基づいて評価規準を設定する。各題材において扱う内容は,次の①から④の小学校音楽科における「内容のまとまり」を基本にする。

①「A表現」(1) 歌唱(ア,イ,ウ)及び〔共通事項〕(1)

②「A表現」(2) 器楽(ア,イ,ウ)及び〔共通事項〕(1)

③「A表現」(3) 音楽づくり(ア,イ,ウ)及び〔共通事項〕(1)

④「B鑑賞」(1) 鑑賞(ア,イ)及び〔共通事項〕(1)

　　　　　　　　　　※〔共通事項〕(1) のうち,必須となるのは事項アである。

　例えば,低学年において,①「A表現」(1) 歌唱を扱う題材の場合,扱う内容や題材の目標に準じて,次のような構造で題材の評価規準を設定することが考えられる（国研2020,p.45）。

　　　知識・技能

・曲想と音楽の構造や歌詞の内容との関わりについて気付いている。【知識】

・思いや意図に合った表現をするために必要な,［事項ウの（ア）,（イ）,（ウ）］（いずれかを選択）を身に付けて歌っている。【技能】

　　　思考,判断,表現

・［音色,リズム,速度,旋律,強弱,音の重なり,和音の響き,音階,調,拍,フレーズ,反復,呼びかけとこたえ,変化,音楽の縦と横との関係など］（その題材の学習において,児童の思考・判断のよりどころとなる主な音楽を形づくっている要素を適切に選択）を聴き取り,それらの働きが生み出すよさや面白さ,美しさを感じ取りながら,聴き取った

ことと感じ取ったこととの関わりについて考え，曲想を感じ取って表現を工夫し，どのように歌うかについて思いをもっている。

| 主体的に学習に取り組む態度 |

・[その題材の学習に粘り強く取り組んだり，自らの学習を調整しようとしたりする意志をもったりできるようにするために必要となる，取り扱う教材曲の特徴や学習内容など，興味・関心をもたせたい事柄] に興味をもち，音楽活動を楽しみながら主体的・協働的に歌唱の学習活動に取り組もうとしている。

下線部は，事項の文言を「評価の観点の趣旨」（前掲）に倣って置き換える。[ ] のゴシックの部分には，題材の学習に応じた内容を適切に選択する。波線部には，扱う学習活動（①の場合は「歌唱」）を記入する。

なお，ここで例示したのは，①の「内容のまとまり」による題材の評価規準作成の手順であるが，適宜，③音楽づくりと④鑑賞，①歌唱と②器楽のように，複数の領域や分野から題材の内容を構成し，その内容に対応した観点別の評価基準を作成し，指導と評価を行うことも大切である。

(2) 指導と評価の計画

　題材全体を見通し，「知識」，「技能」，「思考力，判断力，表現力」に関する内容を相互に関わらせながら，どの場面でどのような内容を扱い，指導と評価を実施するのかを明確にすることが大切である。国研の参考資料に掲載された学習評価に関する事例（国研2020）では，指導過程における各観点の評価場面をピンポイントではなく，矢印を用いて一定期間示している箇所が多々見られる。これは，児童の学習状況を継続的に把握し，学習の改善に向けて教師が働きかける「指導に生かす評価」の場面である。その上で，全員の学習状況を記録に残す場面を，「知」「技」「思」「態」などの評価の観点で表しているのが特徴的である。

　このような特徴は，「主体的に学習に取り組む態度」の指導と評価に顕著である。指導に生かす評価が，題材の導入から終末まで一貫して位置付けられている。この観点の評価は，学習内容などに興味・関心をもつことに留まらず，「知識及び技能」，「思考力，判断力，表現力等」を身に付けることに向

けた粘り強い取組を行おうとしている側面や，粘り強い取組を行う中で，自らの学習を調整しようとする側面を見取ることが重要であるため，継続的な指導と評価が特に重視されていることに留意する必要がある。

（3）評価規準に則った学習評価

学習状況の評価は，観察（表情，行動），発言，演奏の聴取，つくった作品，記述などの内容から判断する。その際，評価規準に即して，見取りの方法をはじめ，十分満足できる学習状況の例，努力を要する学習状況と判断されそうな児童への働きかけの例を事前に想定しておくことが重要である。指導と評価の場面では，優れた学習状況の児童の音楽表現やワークシートの記述などを価値付けて全体に紹介したり，支援が必要な児童に適切にアドバイスをしたりするなどして，個々児童の学習状況の改善を図るようにする。

（4）観点ごとの総括

各題材において，観点ごとに1～3程度の評価規準を設定し，観点ごとに総括し，A（十分満足できる），B（おおむね満足できる），C（努力を要する）の状況を記録に残す。観点ごとに2つ以上の評価規準を総括する場合，「同等に扱って総括する」「重点をおいて総括する」ことが考えられる。題材の学習活動の特質に応じて，適切に総括することが求められる。

参考文献

文部科学省（2019）「小学校，中学校，高等学校及び特別支援学校等における児童生徒の学習評価及び指導要録の改善等について（通知）」〔略：改善等通知〕（平成31年3月29日，30文科初第1845号初等中等教育局長通知）.

国立教育政策研究所教育課程研究センター〔略：国研〕（2020）『「指導と評価の一体化」のための学習評価に関する参考資料【小学校音楽】』東洋館出版社.

（津田正之）

第5節 音楽科に固有な「見方・考え方」

Q 10 「音楽的な見方・考え方」について述べなさい

1.「見方・考え方」への着目

　2017（平成29）年に改訂された小学校学習指導要領では，教科等の目標において，「見方・考え方を働かせ」という文言が新たに加わった。その背景として，学習指導要領総則には，「各教科において身に付けた知識及び技能を活用したり，思考力，判断力，表現力等や学びに向かう力，人間性等を発揮させたりして，学習の対象となる物事を捉え思考することにより，各教科等の特質に応じた物事を捉える視点や考え方（以下「見方・考え方」という。）が鍛えられていくことに留意し，児童が各教科等の特質に応じた見方・考え方を働かせながら，知識を相互に関連付けてより深く理解したり，情報を精査して考えを形成したり，問題を見いだして解決策を考えたり，思いや考えを基に創造したりすることに向かう過程を重視した学習の充実を図ること」が各教科等の指導に当たって配慮する事項として示されている。

　また，学習指導要領解説総則編では，「深い学び」と「見方・考え方」を働かせることの関わりが示され，「どのような視点で物事を捉え，どのような考え方で思考していくのか」，すなわち，「その教科等ならではの物事を捉える視点や考え方は各教科等を学ぶ本質的な意義の中核をなすものであり，教科等の学習と社会をつなぐものである」とともに，「児童生徒が学習や人生において『見方・考え方』を自在に働かせることができるようにすることにこそ，教師の専門性が発揮されることが求められる」とある。

2.「音楽的な見方・考え方」とは

　それでは，音楽科の特質に応じた物事を捉える視点や考え方とは何だろうか。学習指導要領解説音楽編では，「音楽に対する感性を働かせ，音や音楽

81

を，音楽を形づくっている要素とその働きの視点で捉え，自己のイメージや感情，生活や文化などと関連付けること」であると考えられる，とする。

　例えば，伊野（2019）は，音楽的な感性と日本語の響きやリズムとの関わりを指摘し，言葉のリズムや抑揚，拍，ふし，息のリズムや長い息，間や息で合わせること，即興ややりとり，音色，語感等にみられる面白さを手がかりにした実践例を提案する。「子どもの日常的な世界」の言葉や身体性と，「日本の伝統音楽の世界」の様式化された多様な表現法を関連づけたことで，児童は「真似してみよう」「どこが違うかな」という問いかけに導かれ，音楽の雰囲気等と構造のつながりを意識し，音楽的な見方・考え方を働かせ，日本の伝統音楽の特徴に気付いたり，味わって聴いたりできるようになる。

　ここでは，まず，リズムや拍などの面白さに着目した教材研究・教材づくりが出発点となり，心の働きである感性を働かせ，児童の生活の中にある言葉と関連付けた学習活動が構想されている。習得・活用・探究という，思考，判断し，表現する一連の過程において，日本の伝統音楽の特質に応じた音楽的な見方・考え方を働かせることによって，深い学びが実現している。

3. 音楽的な見方・考え方を働かせた質の高い学びの実現

　2．は，日本の伝統音楽を学習の対象にした1つの事例である。もしも，リコーダー合奏を指導しようと思えば，そこでの音楽の捉え方はまた異なったものになる。物事は総合的・複眼的に捉えることが可能である。まずは，音楽科の特質に応じた教師自身の視点や考え方を広げ，磨いていくことが大切である。そして，感性や身体等を媒介としながら，他教科とは異なる，音楽科ならではの見方・考え方を働かせた質の高い学びを実現して，育成を目指す資質・能力を児童に育んでいくことが重要である。

参考文献
伊野義博（2019）「日本語は伝統音楽への虹の懸け橋－『日本の伝統音楽』の見方・考え方」高倉弘光編著『音楽授業の「見方・考え方」－成功の指導スキル＆題材アイデア』明治図書出版，pp.100-109.

（権藤敦子）

第6節　音楽科の学習指導計画

Q11　音楽科における学習指導計画の作成方法と留意点について述べなさい

1.「学習指導計画」とは何か

「学習指導計画」とは，目標や内容，方法，教材などを，児童の発達段階，児童や学校，地域の実態，内容の系統性や連続性，発展性を考慮して示した具体的な計画を指す。一般に，「学習指導計画」といった場合，「年間指導計画」のことを指す場合が多いが，他に，学期，月や週単位の指導計画，あるいは「学習指導案」（Q12参照）とも呼ばれる「題材」や1授業単位の学習指導計画など，様々な種類がある。学習指導計画の作成にあたっては，学習指導要領の趣旨を踏まえ，学校の教育目標との関連を図ることが大切である。

2.　音楽科の学習指導計画作成の考え方

音楽科の学習指導計画を作成する際，基本単位となるのが「題材」である。題材の構成の仕方には，音楽的なまとまりや生活経験的なまとまりを軸として主題を設定し，題材を構成する「主題による題材構成」と，楽曲そのものの美しさを軸として，楽曲の教材性から指導目標，内容を導き出して，題材を構成する「楽曲による題材構成」の2つがある。学習指導計画の作成に当たっては，長期的な見通しをもち，地域の実態，学校行事，他教科等との関連等を踏まえた各題材の構成と配置が重要となる。一般に，教科等における学習指導計画には，題材名，教材名，題材の目標，扱う時期，時数，取り扱う学習指導要領の内容，評価規準等が示される。

（1）題材の目標の設定

各題材の目標の設定については，教科の目標や学年の目標，取り扱う教材や学習指導要領の事項を踏まえ，「知識及び技能」，「思考力，判断力，表現

力等」,「学びに向かう力，人間性等」の３つの観点から目標を設定する。

（2）各題材の内容の設定

各題材の内容設定については,「表現」領域では各分野のア「思考力，判断力，表現力等」，イ「知識」，ウ「技能」の事項,「鑑賞」領域ではア「思考力，判断力，表現力等」とイ「知識」の事項を適切に関連付けるとともに，〔共通事項〕との関連を十分図ることが重要である。その際，児童の思考・判断のよりどころとなる主な音楽を形づくっている要素を明確にしておくことが必要である。なお，各題材の設定では，歌唱，器楽，音楽づくり，鑑賞の活動ごとのまとまりが基本になるが，適宜,〔共通事項〕を要として各活動を有機的かつ効果的に関連付けた題材構成を工夫することも大切である。

（3）題材の評価規準の設定

各題材の目標の設定を踏まえて,「知識・技能」,「思考・判断・表現」,「主体的に学習に取り組む態度」の３観点から評価規準を設定する。

（4）年間指導計画における活動と内容，教材の設定

年間指導計画の立案においては，歌唱，器楽，音楽づくり，鑑賞の各活動が大きく偏ることのないようにするとともに，１年間の中で学習指導要領のすべての事項が扱われるようにする。また，学年間の内容の系統性・発展性を十分に考慮して作成することが重要である。教材は，学習指導要領の「３内容の取扱い」を踏まえ，指導のねらいに即して適切なものを選択する。

3．音楽科の学習指導計画の留意点

学習指導計画作成の留意点として，2017（平成29）年改訂の学習指導要領に照らした場合，大きく以下の３点を挙げることができる。

① 「音楽的な見方・考え方」を働かせる指導計画になっているか。

② 「知識及び技能」,「思考力，判断力，表現力等」,「学びに向かう力，人間性等」の育成が図られる指導計画になっているか。

③ 「主体的・対話的で深い学び」の実現が図られる指導計画になっているか。

（笹野恵理子）

Q 12　音楽科の学習指導案ではどのようなことが大切か述べなさい

1．「学習指導案」とは何か

　学習指導案とは，授業計画を示したもので，「学習指導計画」が，最も具体的になった形のものと考えてよい（Q11参照）。一般に，「学習指導案」は，題材単位もしくはその中の1授業単位の学習指導計画案を指す。

　学習指導案の書式については，各学校や地方教育委員会などで異なっているが，基本的には次の情報が示される。それは，「いつ」「どこで」「誰が」「誰に」「どのような」学習指導を展開するのか，である。

　各題材の具体的な指導計画であることから，年間指導計画に示される題材の情報に加えて，題材設定の趣旨，児童の実態，教材の特徴，題材の学習指導過程やその過程における学習・指導方法の特徴，評価の方法等が示される。また，題材全体の指導過程のうちの1単位時間を取り上げて，「本時の展開」が「細案」として示されるのが一般的である。「本時の展開」では，学習内容，学習活動，指導上の留意点，本時のめあて，具体的な教師の働きかけや予測される児童の反応などが具体的に記される。

　学習指導案は，あくまでも指導計画の「案」である。指導案通りに授業を進行させようとするあまり，教師が意図しない児童の音楽的な気付きをあえて取り上げずに流してしまうことは，教育実習などで散見される事例だが，大切なことは児童の学習経験であって，指導案通りにすすめることではない。

　また，学習指導案は，研究授業において必須の資料となる。授業者自身が，学習のねらいや指導方法を明確にするとともに，それを多くの教師で共有できるよう，また実際の授業をみていない者でも授業を具体的にイメージできるよう，伝達性と再現性に留意した記載が大切である。

2．学習指導案の内容

教科，日時，場所，指導者などの基本的な情報の他，以下の内容を示す。

①題材名・教材名：題材は，年間指導計画に即し，発達段階を考慮して設定する。教材は，目標，内容に即して適切なものを選択し，記載する。

②題材について：主に，題材設定の趣旨，児童観（児童の実態），学習指導観，などについて記述する。なぜこの題材を設定したのか，ということについて，その根拠と位置付けを示す。

③題材の目標：「目標」とは，児童のあるべき姿である。題材を通して想定される児童のあるべき姿を，取り扱う学習指導要領の事項や，学年の目標をもとに示す。一般には（1）「知識及び技能」，（2）「思考力，判断力，表現力等」，（3）「学びに向かう力，人間性等」の3つの柱に即して示すとよい。

④取り扱う学習指導要領の内容：各題材で扱う内容は，領域（表現，鑑賞）・分野（歌唱，器楽，音楽づくり）が1つの単位となる。それぞれの領域・分野の単位において，ア（思考力，判断力，表現力等），イ（知識），ウ（技能）の内容と，〔共通事項〕アを示す。

⑤題材の評価規準：3つの柱で示した目標に合わせて，「知識・技能」，「思考・判断・表現」，「主体的に学習に取り組む態度」の3観点から設定する。

⑥教材について：題材との関係から，教材選択の視点や教材の考察を述べる。

⑦題材の指導計画と評価計画：題材の指導・評価計画の全体的なマップを示す。題材の目標が効果的に実現できるよう，どのような内容をどのような順番で扱うかの大まかな計画を示す。なお，資質・能力で示された内容を効果的に習得できるようにするために，主体的な学び，対話的な学び，深い学びが実現できる場の設定にも配慮する。

⑧本時の学習指導：本時の学習指導のねらいや展開を具体的に書く。本時が題材全体の授業時数の何時間目に該当するかを記載する。（例：「3／5時」）本時の展開には，「学習内容」「学習活動」「教師の働きかけ」「評価」などを具体的に示すことも考えられる。

⑨その他：使用する楽譜や，ワークシートなどの配布資料，視聴覚教材や機器，使用する楽器などを記載する。教室の座席表，楽器や機器等の配置や，板書計画を記載する場合もある。

（笹野恵理子）

Q 13　音楽科と他教科等との関連，幼稚園や中学校との連携を図る指導を行うにはどのようなことが大切か述べなさい

　平成29年改訂小学校学習指導要領によれば，音楽科が担う教科の目標は「生活や社会の中の音や音楽と豊かに関わる資質・能力」の育成である。このような資質・能力を育成するためには，限られた時数の教科等の枠を超え，多様な音楽活動の場を意図的に工夫する必要がある。幼児期からの学びを生かし中学校へとつながる小学校での指導の在り方は重要な意味をもつ。

1．音楽科と他教科等との関連

　音楽科と他教科等との関連としては，例えば生活科の高齢者との遊びの会で，音楽科で習った「はないちもんめ」や「かごめかごめ」を一緒に楽しんだり，音楽科では習わなかったお手玉を使った遊びうたや地域に伝わる伝承歌を教えてもらったりする活動がある。また生活科のシャボン玉遊びの後，音楽科で「シャボン玉」を歌ったり，生活科の栽培活動で栽培しているトマトやきゅうり，アスパラガスなどを素材にした音楽づくりを工夫したりすることもできる。総合的な学習の時間では，地域の誇りを調べる学習を通して地域の伝統芸能を表現する活動，音や音楽を学ぶ音楽科の学習から環境問題を考える学習へとつなげることができる。このように探求課題と音楽科を関連させることは，生活や社会の中の音楽をより実感させることになる。さらに，卒業式，入学式などの儀式的行事において国歌や校歌や式に関連する歌を歌うこと，運動会での器楽演奏をしたり野外活動でキャンプのうたを歌ったりするなど特別活動においても音楽活動を効果的に行うことができる。大切なことは，教科等のそれぞれのねらいを明確にもち，そのための指導の時期や体制，指導の流れを効果的に計画することである。そして実践した後，必ず評価を行い，身に付けさせたい資質・能力をより効果的に育成する題材

の配置やタイムリーな教材等，児童や地域の実態に応じたものにブラッシュアップしてくことが必要となる。さらに，こういった連携の際にゲストティーチャーとして力を貸してくださる音楽に関わる人材を幅広く確保するために，常にアンテナを張り，関連機関との連携を図ることも大切である。

２．幼稚園や中学校との連携を図る指導

（1）幼児期の教育と小学校教育との接続

　小学校学習指導要領第2章第6節音楽の第3の1（6）には，低学年の指導において他教科等との関連を積極的に図ること，特に生活科を中心とした合科的な指導や弾力的な時間割の設定の重要性が示されている。スタートカリキュラムの中で，園で習った手遊びをしたり歌っていたうたを使って替えうたをつくったりして緩やかな接続を行うことや，園の特色として鼓笛隊，鍵盤楽器等での器楽合奏を楽しんできた児童を生かした授業を工夫することもできる。幼稚園教育要領に示す幼児期の終わりまでに育ってほしい姿を小学校教員が理解し，その姿を生かしながら「音楽的な見方・考え方」を働かせて資質・能力を育成できるようにすることが大切である。

（2）中学校への接続

　小中9年間を見通した指導として重要な点は，小学校での指導内容が中学校学習指導要領にどのようにつながっていくのか，共通点や発展する内容を理解しておくことである。また，小学校で指導すべき読譜や表現の技能を「音楽活動の楽しさを体験することを通して」確実に身に付けさせていくことも中学校音楽科の教科の目標の達成を支えることになる。さらに，小学生と中学生が共に音楽を学ぶ場の設定や小学校の教員と中学校の音楽の教員とが音楽の授業を互いに参観し合い発達段階に応じた指導方法について協議できる場をもつことも大切であろう。

参考文献
吉田武男監修・笹野恵理子編著（2018）『初等音楽科教育』ミネルヴァ書房.

（重森栄理）

第7節　音楽科の教材研究の視点

Q14　音楽科における教材・教具にはどのようなものがあるか，またその活用方法について述べなさい

1．音楽科における教材・教具

　教材は，一般的に，教える（学ぶ）ために用いられるモノ・コトを指す。音楽科では，代表的な教材として，曲，楽器，ICT機器，音楽活動の手順などが挙げられる。ただし，これらの多くが，はじめから教材としてつくられたわけではないように，何らかのモノ・コトは，教育内容が意識されることによって「教材化」されるのである。つまり，ありとあらゆるモノ・コトは，教材になる可能性を持っているといえる。

　他方，教具は，一般的に，教育活動に用いられる道具を指す。しかしながら，教材と明確に区別することは難しい。両者の区別の仕方には様々あるが，そのひとつが，教材＝教育内容を含む「学習の対象」としてのモノやコト，教具＝教育内容を含むとは限らない「学習の道具」としてのモノ，とする区別である。ただ，こうした区別はしばしば曖昧であり，どちらにも解釈し得る場合も少なくない。そのため，ここでは両者をあえて区別せず，まとめて「教材」と呼ぶこととし，代表的なものの活用の可能性を示したい。

2．教材の活用方法

（1）教科書
　教科書（正式には「教科用図書」）は，文部科学大臣の検定，教育委員会等による採択を経て用いられる図書である。「主たる教材」として位置付けられており，使用が義務付けられている。学習指導要領に対応し，学習のねらい，曲，曲の解説や楽譜中の諸記号の説明，音楽活動の提案や活動例，楽

器の写真など，授業や学習の助けとなる内容が精選され，掲載されている。現在，小学校音楽科の教科書は2社から出版されており，それぞれに特徴がある。授業づくりの際は，採択されている教科書とは異なる出版社の教科書を参照することも有効である。また，教科書準拠のCDや指導書，出版社のウェブサイトで提供されている画像素材や動画等も，併せて活用するとよい。

（2）曲

幅広く多様なジャンルから曲を取り上げることは，児童が豊かな音楽文化に触れる扉を開く重要な役割を果たす。西洋の芸術音楽，J-POP，地域に伝わる遊びうた，世界各地の伝統音楽，さらには，多くの児童にとってあまり馴染みのない20世紀以降の現代音楽なども取り上げたい。

選曲の際は，その曲が学習のねらいに沿った音楽的特徴をそなえているかどうかに着目しよう。例えば，和音のことを学習するのであれば，用いられている和音の特徴がとらえやすい曲を選ぶ。シンプルな和音進行のものと，複雑な和音進行のものを両方取り上げて比較するのもよいだろう。

曲は，楽譜によって示されていることが多いが，楽譜の重要性はその音楽の背景によって異なる。例えば，西洋芸術音楽（いわゆるクラシック音楽）は，楽譜に重きを置く伝統をもっているが，ポップスのようなジャンルでは，歌い手個人の歌唱スタイルに重きが置かれる－マイケル・ジャクソン（Michael Jackson）ら多数の歌手が次々と交替しながら歌う《We are the world》はその好例である。この例では，各歌手が「自分らしい歌い方」で歌い，結果として旋律が様々に形を変えている。このように，その音楽の背景の違いを意識することは，曲を教材として用いる際の留意点の1つである。

（3）楽器

楽器は，器楽活動はもちろん，歌唱のための伴奏，音楽づくり活動，鑑賞活動に関わる楽器の体験など，様々な学習場面において重要な役割を果たす。児童が多種多様な楽器に触れる機会を設けることを心がけたい。

留意点としては，次のようなことが挙げられる。息を吹き入れる楽器を用いる時には，管内の水滴の処理や，口を付ける部分の洗浄等，衛生面に留意する。打楽器を用いる際には，多様な撥，多彩な打ち方から生まれる音色や

音量の違いを実感しながら表現の可能性を探究していく経験を促すことが大切である。ピアノや鍵盤打楽器は，一人で演奏する楽器としての印象を持たれがちであるが，分担奏を取り入れることによって活動がより幅広くなる。箱型の木琴は，音盤の取り外しができ特定の音階に基づいた演奏や音楽づくり活動の際に便利である。我が国や諸外国に伝わる楽器のなかには，箏やボンゴのように有名なものもあれば，名前すら知られていない音具，民芸品のようなものもある。こうした楽器や，おもちゃ楽器，手づくり楽器，日用品などは，簡単な奏法で独特の音色が出せるものが多いため，器楽活動や音楽づくり活動で大きな効果をもたらすことも多い。多様な音色が搭載されているキーボードなどの電気楽器は，演奏の難しい楽器の代替としても活用できる。

どの楽器にも共通することであるが，正しい奏法を学ぶだけでなく，奏法を児童自身が工夫することも重要である。そのような探究は，楽器の構造や音そのものに対する観察と発見を促すだろう。

（4）ICT機器・プログラミング教材

ICT（Information and Communication Technology，情報通信技術）は，音楽科でも重要な役割を担っている。用途は様々であり，デジタルデータ化された音声や動画を編集したり，授業の進行に沿って歌詞や楽譜，写真，動画をまじえたスライドを作成したりするなどの例が挙げられる。

児童が自分のパソコンやタブレットを活用する可能性も広げていきたい。DTMアプリ（コンピュータ上で音楽制作を行うためのアプリケーション）は，児童の音楽づくり活動のための強力なツールになるだけでなく，パート別に再生したり，速度や調性を変更したりする機能を利用して，合奏をサポートするツールとして用いることもできる。

プログラミング教育においても，音楽づくり活動と結び付けた授業が盛んに行われている。先述のDTMアプリや，他教科でのプログラミング活動でもよく用いられるScratchなどのプログラミング言語が有効に活用できる。

インターネットは，教師にとっても児童にとっても便利な情報源であり，また表現の発信手段でもある。音楽家や作品，音楽文化に関わる情報を調べ

る，Googleマップなどの地図サービスを活用して世界各地の伝統音楽の学習に役立てる，YouTubeなどの動画投稿サイトに自分たちのつくった音楽を公開するなど，活用の可能性は広い。しかし，誤った情報や危険な情報に対する注意，個人情報の取り扱い，著作権に関することなどの，ネットリテラシーに留意することが必要である。

　なお，ICT機器・プログラミング教材の活用については，文部科学省の「教育の情報化に関する手引（追補版）」なども併せて参照するとよい。

（5）音楽活動の手順

　音楽科では，音遊びなどのように，活動そのものが教材化されている例も少なくない。こうした教材を扱う際には，その活動のどういった要素が子どもたちに楽しさをもたらすのかにも目を向けつつ，音楽的な学びの可能性を意識したい。

　音遊びなどの活動は，何らかの手順や約束事（ルール）に基づいて行われるものではあるが，児童からの提案によって約束事を変更するなど，柔軟に活動が変化していくことも醍醐味の1つである。活動しながら新たな約束事を考えることは，児童の創造性を育むためにも重要である。

（6）人的資源

　教材活用の可能性を考えるときには，人的資源も考慮したい。活動をともにする仲間として，また自分とは異なる視点や意見を持った他者としてのクラスメイト，生き生きと音楽と関わっている大人としての地域の方々や教師，高い技能や表現性を間近で感じさせてくれるアーティスト，いずれもその重要性は高い。教師は，こうした人的資源が児童一人一人に好影響をもたらすよう，良きサポート役となることを心がけたい。

参考URL

文部科学省（2020）「教育の情報化に関する手引（追補版）」（令和2年6月），
　　　https://www.mext.go.jp/a_menu/shotou/zyouhou/detail/mext_00117.html
　　　2020年8月6日閲覧.

（寺内大輔）

Q15　音楽科における教材研究の視点と方法について述べなさい

1．教材研究の視点

　教材研究の目的は，教材から学習内容を引き出し，それをどのように教えていくのかを明らかにすることである。そのためには，次の2つの点に着目した検討が不可欠である。1つは，教材自体の特徴や背景，もう1つは学習内容や音楽活動との関係性である。

　ここでは，曲を対象とした場合について考えてみよう。教材自体の特徴や背景に着目した検討では，例えば，学習指導要領に示されている「音楽を形づくっている要素」がどのように働いているのかに着目して音楽的特徴を見つけていく。必要に応じて歌詞との関係についても検討する。さらに，歴史的背景も含めて，生活や社会との関わりについても調べる。

　学習内容や音楽活動との関係性に着目した検討では，前述の検討によって見つけた曲の特徴や背景，教材や活動からもたらされる学習内容，活動に関わる諸点—例えば「どういった音楽活動ができそうか」「どのような表現の工夫ができそうか」「活動の難易度が児童の実態に合っているか」などについて，相互の関係性を意識して考えていく。学習内容を明確にするためにとりわけ重要なことは，その教材の魅力や，教材を活用した活動の魅力を見つけることである。例えば《小さな世界（原題：It's a small world）》の場合，曲に含まれる異なる旋律を重ね合わせて歌える構造をそなえており（教材の魅力），そのように歌うことを楽しむことが期待できる（活動の魅力）。これらを見つけることによって，互いの歌声を聴きながら歌うことの楽しさを感じたり，歌唱技能を高めたりするといった学習内容が導かれる。また，地域で歌い継がれてきた歌の場合，人々がその歌とどのように関わってきたかを知ることがその歌の魅力を一層高めることもあるだろう。

２．教材研究の方法

　教材研究は，教材を見つけることから始まる。Q14で述べたように，教材になり得るのは「あらゆるモノ・コト」である。すなわち「教材を見つける」ことは，何らかのモノ・コトから教材としての可能性を見出すことなのである。ウェブサイト，書店や楽器店，地域のお祭り，コンサートなど，教材になり得るモノ・コトはどこにでもある。意外な場所で見つかることもある。

　また，教材は，自らつくること（教材開発）もできる。ゼロからつくるだけでなく，既存の教材に新たな意義や使い方を見出したり，既存の教科を改変したりすることも含まれる。例えば，児童がつくった歌を歌唱教材として使う，使える楽器や演奏の難易度を考慮した編曲を行う，演奏しやすいように楽器を改造する，他教科での学びと関連した音遊びを考案する，等々，多様な可能性が挙げられる。学習内容，活動の特質，児童の実態や興味・関心などを総合的に考慮して進めていくことが大切である。とりわけ，児童の実態については，平成29年改訂学習指導要領から「学習活動を行う場合に生じる困難さに応じた指導内容や指導方法の工夫」が明記された。誰にとっても使いやすくなる工夫（ユニバーサル・デザイン）や，個々人が抱える困難さに応じた工夫（合理的配慮）も反映させたい（Q6も参照）。

　教材が決まったら，授業実践による検証を行う。授業実践の前には，教師が児童の立場や気持ちを想像しながら，「１．教材研究の視点」で述べたことを意識し，教材から引き出せる学習内容や，効果的な使い方についての仮説を立てておく。授業実践にあたっては，児童の活動の様子，発言や音楽表現，成果物などから仮説を検証する。この時，仮説とは異なる意義を検討することも忘れないようにしたい。授業の振り返りによって，授業前には想定していなかった意義に気づかされることは少なくないのである。

参考文献

文部科学省（2018）『小学校学習指導要領（平成29年告示）解説音楽編』東洋館出版社.

（寺内大輔）

第8節　音楽科の教師としての資質や能力

Q 16　音楽科の学習指導を充実していくために，教師はどのような資質・能力を身に付け，高めていくとよいか述べなさい

１．音楽の教師として求められる資質・能力

（１）児童理解と授業における指導力

　音楽科の指導に限らず，教室にいる１人１人の児童の多様な背景やその日その日の様子を常に認識しながら授業を行うことは基本である。各学年による発達段階の違い，リコーダーなどの個別の技能差など教師が丁寧に見取りながら指導をしていく必要がある。また，同じ指導事項でも学習集団の人数や既習学習の定着を踏まえ教材や展開を工夫していく必要もある。2017（平成29）年告示の小学校学習指導要領では，障害のある児童への指導内容や方法を工夫することが新たに明記され，音楽を形づくっている要素を着目しやすくするための視覚化や動作化等の例示がされている。このような特別支援教育の視点を取り入れたユニバーサル・デザインの授業も大切にしたい。

　また，音楽は時間芸術である。その特質を踏まえて資質・能力を育成するためには，表現と同時に消えてしまう歌声や合奏，音楽づくりなど，児童の音楽表現のよさを教師が瞬時に把握して価値付けたり，児童が自らそのよさなどを発見し，学びあって深めることができるように適切に働きかけたりするなどの教師の指導力は何よりも重要である。

（２）音楽の専門性

　小学校の学習指導の基本は全科担任制であるものの，地域や学校によっては音楽専科教員が担当する場合もある。それは，ピアノ伴奏や指揮等の技能や児童の音楽を評価できる耳や知識（音楽理論やレパートリー）が必要とされる教科であるからである。教師自身が音楽を愛好する心情と豊かな情操を

もち，児童の指導に必要な音楽的な知識や技能を身に付けておく必要がある。

（3）企画力とマネジメント力

　伊野は学校現場や社会が教師に求める音楽能力として，「音楽会の企画運営力」「学校の音楽活動と地域社会をつなぐ能力」を挙げている。音楽科の授業は，教科の枠を超えて他教科等へつながるとともに，地域の文化活動への貢献にもつながる。こういった場において音楽の教師は，全体の企画をし，児童をまとめる指導はもちろん，教職員や保護者，地域住民と協力体制を創り上げるコーディネーターとしての役割を担うことになる。音楽の教師が，よりよい人間関係を結ぶことのできるコミュニケーション能力をもち，全体をマネジメントする能力を身に付けることは重要なことである。

2．学び続ける教師として

　大切なことは教師が自らの意志をもち主体的に学び続ける態度をもつことである。教職に就いた後は制度の中で研修を受ける機会が一定程度ある。しかしこれに留まることなく，音楽科授業研究を率先して行うことや，時間や費用を自己負担しながら民間の実技講習会等に参加することなど，自身の授業力を内省し向上させる努力を続けることである。音楽科は学校現場において組織的な研究教科に設定される機会は少ない。刻々と変化する現代的な課題への対応力を身に付け，質の高い音楽教育の実践者として児童の前に立てるよう自らの資質・能力を鍛え続ける教師でありたい。

参考文献

秋田喜代美（2017）「授業づくりにおける教師の学び」『岩波講座教育変革への展望5 学びとカリキュラム』岩波書店，pp.71-104.

伊野義博（2015）「音楽科授業と教師－教師に求められる音楽能力」橋本美保・田中智志監修，加藤富美子編著『教科教育学シリーズ音楽科教育』一藝社，pp.105-118.

重森栄理（2019）「実践者による研究」日本音楽教育学会編『音楽教育研究ハンドブック』音楽之友社，pp.60-61.

（重森栄理）

第3章

図画工作科

第1節　図画工作科の目的・目標

▐ Q1　図画工作科における教科の目標について述べなさい

1．美術教育の目的観の歴史的変遷

　学校教育における図画工作科と美術科を含めた美術教育としての歴史を俯瞰すると，その目的観の変遷を「美術の教育」から「美術による教育」への移行として捉えることができる。

　今日の図画工作科や美術科に相当する教科は，我が国では1872（明治5）年に「罫画」や「画学」という名称で学校に取り入れられ，正確な描写力や技術の習得が重視された。このような美術の専門的知識や技能の習得など，美術を教えることを優先する目的観は「美術の教育」の視点と捉えられ，本来は専門教育で重視されたものであるが，当時は普通教育でも重視された。

　その後，自由画教育運動や創造美育運動などを通して，子どもの発達や関心を考慮し，美術教育を通して個性や創造性，豊かな情操などを育むことを重視する主張が次第に広がった。専門教育ではなく普通教育としての美術教育では，人間形成を最優先の目的として重視し，美術活動をその媒介として捉えるのが「美術による教育」の視点であり，「美術の教育」に対置する目的観である。今，なぜ小学校において図画工作科を学ぶのか，という問いを考える時，美術教育の歴史において「美術による教育」の視点で目指してきたものに注目することが重要である。

2．図画工作科の目標

　小学校教育として図画工作科が担うべき役割とその目指すところを総括的に示した教科の目標は，2017（平成29）年改訂の小学校学習指導要領では「表現及び鑑賞の活動を通して，造形的な見方・考え方を働かせ，生活や社会

の中の形や色などと豊かに関わる資質・能力」を育成することである。目標の中の「造形的な見方・考え方」は，学びの深まりの鍵となるものであり，「感性や想像力を働かせ，対象や事象を，形や色などの造形的な視点で捉え，自分のイメージをもちながら意味や価値をつくりだすこと」である。さらに目標は「知識及び技能」，「思考力，判断力，表現力等」，「学びに向かう力，人間性等」の3つの柱から示される。

　「知識及び技能」に関しては，「対象や事象を捉える造形的な視点について自分の感覚や行為を通して理解する」という「知識」に関する目標と，「材料や用具を使い，表し方などを工夫して，創造的につくったり表したりすることができるようにする」という「技能」に関する目標が示されている。

　そして，「思考力，判断力，表現力等」に関しては，「造形的なよさや美しさ，表したいこと，表し方などについて考え，創造的に発想や構想をしたり，作品などに対する自分の見方や感じ方を深めたりすることができるようにする」ことが目指されている。

　さらに，「学びに向かう力，人間性等」に関しては，「つくりだす喜びを味わうとともに，感性を育み，楽しく豊かな生活を創造しようとする態度を養い，豊かな情操を培う」ことが求められる。なお，「感性」という言葉は，2008（平成20）年改訂の小学校学習指導要領図画工作科の教科の目標から使われている重要なキーワードであり，『小学校学習指導要領（平成29年告示）解説図画工作編』においても「感性は，様々な対象や事象を心に感じ取る働きであるとともに，知性と一体化して創造性を育む重要なもの」と説明されていることに留意したい。

　また，上述のように3つの資質・能力それぞれに「創造」がキーワードとして使われ，図画工作科の特性として創造性を重視し，造形的な創造活動を目指す教科であることを一層強調している。

参考文献

文部科学省（2018）『小学校学習指導要領（平成29年告示）解説図画工作編』日本文教出版.

　　　　　　　　　　　　　　　　　　　　　　　　　（石﨑和宏）

Q2　図画工作科の各学年の目標について，資質・能力の視点から述べなさい

1．各学年の目標の観点

　前回の2008（平成20）年改訂の学習指導要領では，学年の目標が「関心・意欲・態度」，「思考・判断」，「技能・表現」，「知識・理解」という4つの資質・能力の視点から示されていた。今回の2017（平成29）年改訂の学習指導要領では，学年の目標が，「知識及び技能」，「思考力，判断力，表現力等」，「学びに向かう力，人間性等」の3つの柱で示されたことが特徴である。

　図画工作科の学年の目標は，従前と同様に児童の発達の特性などを考慮して2学年ごとに示されている。また，「学びに向かう力，人間性等」に関する目標は，「知識及び技能」，「思考力，判断力，表現力等」の目標それぞれに関連するものとしている。さらに「知識及び技能」と「学びに向かう力，人間性等」の目標では，全学年で「創造」がキーワードとして使われ，「思考力，判断力，表現力等」では，高学年の目標のみに「創造」が使われている。つまり，発想や構想は，低学年で「楽しく」，中学年で「豊かに」，そして高学年で「創造的に」していくことが目指されている。

2．発達的特徴をふまえて目指す児童の姿

　児童の発達的特徴をふまえて目指す姿は，低学年では，全身で感じ対象と一体となって活動し，具体的な活動を通して思考したり，既成概念にとらわれずに発想を次々と展開し，つくりながら考え，結果にこだわらずに様々な方法を試みる姿である。また，中学年の児童では，対象と距離を置いて考え，そこからの気付きを活用して活動し，手の働きの巧みさを増し，扱える材料や用具の範囲を広げ，周りとの関わりも活発になる姿である。そして，高学年の児童では，情報を活用して多様な視点から考え，直接体験していないことや友人の心情などに思いを巡らせることができ，物事を集団や社会との関

係などから振り返り，捉えたりすることができる姿である。

3. 各学年の目標の変化 （学年での違いに下線：引用者）

（1）「知識及び技能」に関する目標

「知識及び技能」に関する目標は，まず「対象や事象を捉える造形的な視点について自分の感覚や行為を通して」,「気付く」（低学年),「分かる」（中学年）「理解する」（高学年）ことである。そして，低学年で「手や体全体の感覚などを働かせ」，中学年で「手や体全体を十分に働かせ」て材料や用具を使用し，高学年で「材料や用具を活用し」,「表し方などを工夫して，創造的につくったり表したりすることができるようにする」ことが目指されている。

（2）「思考力，判断力，表現力等」に関する目標

「思考力，判断力，表現力等」に関する目標は，低中学年では「造形的な面白さや楽しさ，表したいこと，表し方などについて考え」ることであり，高学年ではその造形的な「面白さ」が「美しさ」に変化する。また，「楽しく」（低学年),「豊かに」（中学年),「創造的に」（高学年）「発想や構想をしたり」しつつ，「自分の見方や感じ方」を「広げたり」（低中学年),「深めたり」（高学年）することができるようにする対象が，「身の回りの作品」（低学年),「身近にある作品」（中学年),「親しみのある作品」（高学年）と変化する。

（3）「学びに向かう力，人間性等」に関する目標

「学びに向かう力，人間性等」に関する目標は，「表現したり鑑賞したりする活動に取り組み，つくりだす喜びを味わう」ことであり，学年に応じて「楽しく」（低学年),「進んで」（中学年),「主体的に」（高学年）と学びに向かう力が変化する。また，「形や色などに関わり」「創造しようとする態度を養う」対象も学年によって「楽しい生活」（低学年),「楽しく豊かな生活」（中高学年）と変化する。

参考文献

文部科学省（2018）『小学校学習指導要領（平成29年告示）解説図画工作編』日本文教出版.
　　　　　　　　　　　　　　　　　　　　　　　　　　　　（石﨑和宏）

Q3　造形遊びをする活動の内容構成について述べなさい

1．造形遊びとは

　造形遊びとは，児童が材料に進んで働きかけ，自分の感覚や経験を通して捉えた形や色などからイメージをもち，思いのままに発想や構想を繰り返し，技能などを働かせてつくる能動的・創造的活動である。主な学習活動は，児童が材料や場所，空間などと出会い，関わることを通して自分の目標を見つけ，発展させる活動である。造形遊びで重視されるのは学びの過程であり，児童が「つくり，つくりかえ，つくる」試行錯誤を通して自分なりの意味や価値を創造できる資質・能力の育成が目指される。

2．造形遊びの内容

　造形遊びは，次のような活動によって展開される。
　①造形行為を始点とした活動の展開：教員は授業の導入時に「何をつくるか」という目的や製作物を提示せず，ならべる，つなぐ，ちぎる，つるすなど，「どのように」という方法を児童に提示したり共有したりする。これらの造形行為を出発点として児童の発想・構想を促し，展開させる活動内容である。
　②材料の特徴を生かした活動の展開：紙，ひも，袋，布，自然物，廃材など，材料が持つ特性（軽い，破れる，結べる，光を通すなど）に児童が気付くことを発想・構想の出発点として展開される活動内容である。
　③場所や空間の特徴を生かした活動の展開：屋外ワンダーランドやどろんこ作戦といった題材であり，教室，廊下，体育館，校庭，砂場など，その場所固有の空間やものを生かしたり，普段見慣れた場所に新しい意味や価値を付け加えたりする活動内容である。

　造形遊びは，昭和52年改訂学習指導要領で低学年に導入され，その後，平成元年改訂学習指導要領では低・中学年で，平成10年改訂学習指導要領では全ての学年に拡大された。導入の背景として，就学前の造形活動とのつながりを図ることや初歩的で総合的な造形活動を取り入れることが目指された。そのため，造形遊びではつむ，ならべるなど単純な方法を用いて材料や環境に働きかけ，平面や立体を問わない多様な領域や表現方法が総合的に連関する活動内容が設定される。また，児童の試行錯誤が重視され，材料，空間，造形行為が相互に関連を持ちながら児童の思考，判断，表現を促進し，主体的に学習に取り組む態度を育成することが目指される。

３．実践事例

　造形遊びの授業例として，広島市立春日野小学校１年生で実践された題材「ぐんぐん！どんどん！たけけランド」を取り上げ，材料，空間，造形行為との関連を示す。

図3-3-1　児童の試行錯誤（筆者撮影）

　本題材では，地域住民と教員が地元の山から切り出した竹が用いられ，太さ，長さ，重さ，切り方，割り方，安定感が異なる十分な量の材料が用意された。その後，児童は円形状の中庭で自分の活動場所を決め，広い空間を生かして縦横に竹を並べたり，竹の空洞を生かして上に高く積み上げたりして活動を展開した。例えば，図3-3-1に示す児童らは，傾斜をつくって円筒状の竹を転がす装置を製作し，製作過程では転がる速度を調整するために最適な長さの竹を選択したり，転がり方の面白さを追求するために途中にトンネル状の円筒形の竹を加えたりする工夫を繰り返し行った。このように，児童は用意された竹の長さや形状，幅，安定感などを総合的に考慮し，広い場所を生かして造形物を製作した。本題材のように，造形遊びでは児童が材料や空間の特徴を見出し，造形行為によって多様な表現を生み出したり変化させたりできる活動内容が望ましい。

（池田吏志）

Q4　絵や立体，工作に表す活動の内容構成について述べなさい

1．絵や立体，工作の位置づけ

（1）小学校学習指導要領における学習内容と資質・能力

平成29年改訂小学校学習指導要領では，図3-4-1に示す通り，第7節第2の図画工作における「2内容A表現」(1)，(2) が，資質・能力の観点で整理された。育成が目指される資質・能力の3つの柱である「知識及び技能」，「思考力，判断力，表現力等」，「学びに向かう力，人間性等」のうち，A表現(1) の「発想や構想」は，「思考力，判断力，表現力等」の育成として位置付けられ，A表現 (2) の「技能」は，資質・能力の3つの柱の1つである「知識及び技能」の育成として位置付けられた。つまり，平成29年改訂学習指導要領では，造形遊びや絵や立体，工作の学習内容を通して児童の資質・能力を育成することが強調され，教科の目標，内容と，育成を目指す資質・能力との関係が明確に示された。

```
2　内容
　A　表現
　（1）発想や構想
　　　ア　造形遊び
　　　イ　絵や立体，工作
　（2）技能
　　　ア　造形遊び
　　　イ　絵や立体，工作
```

図3-4-1　内容A表現の構成

（2）絵や立体，工作とは

A表現 (1) イ，(2) イの絵や立体，工作において絵とは，絵画や版画などの平面表現であり，立体とは粘土や木材などを用いた立体表現である。絵や立体はともに，児童が感じたことや思ったことなどを表現する活動内容である。他方，工作とは意図や用途がある程度明確で，生活を楽しくしたり伝え合ったりするものである。絵や立体，工作の学習では，自分の夢や願い，経験，見たこと，想像したこと，伝えたいこと，動くものや飾るもの等の児童が表したいと思うことを基に発想や構想をし，自分なりの技能を活用しな

がら表し方を工夫して思いの実現を図る。絵や立体，工作とまとめて示されているのは，実際の児童の表現では，立体や工作の作品の表面に絵を描くなど，表現過程では各内容が関連し合うことが多いためである。

　絵や立体，工作と造形遊びとの相違点は主に2点あり，1点目はねらいの違いである。造形遊びでは，始めから具体的な作品を製作することを目的としていないのに対し，絵や立体，工作では，作品を製作することをおよその前提とし，児童がテーマや目的に基づいて製作を始める。2点目は，製作過程の違いである。造形遊びが，材料に働きかけて思い付くままに試みる自由さを重視していることに対して，絵や立体工作では，教員や児童自身が設定したテーマや目的，用途や機能などに基づいて児童が材料や用具を選択し自分の表現を追求する。両者は結果として同じような出来上がりになることもあるが，絵や立体，工作では，児童が造形物のテーマや課題の枠組みの中で思考，判断し，創造的に表現することが求められている。

2．絵や立体，工作の内容

　絵や立体，工作には，児童が表したいことを見付けてつくる場合と，用途や目的があるものをつくる場合がある。共通する点は，作品の製作を前提としている点，そして製作過程がある程度計画的に進められる点である。以下，絵や立体，工作で実施されている主な題材を4種類取り上げ，特質と具体例を記す。

（1）事物の観察や児童の体験を基にした題材

　人，もの，動物，風景，乗り物などの実在するものや，行事など実際に体験したことを基に児童が描いたりつくったりする活動内容である。この場合に重視されるのは，事物を再現的に表現させること以上に，なぜその対象を描いたりつくったりするのか，対象のどこに関心があり，その関心をどのように表現したいのかという背景や意図を，活動前後を含めて児童に十分に考えさせることである。例えば，1本の木を描く場合，ある児童は年月を経てゴツゴツした幹の触感に注目するかもしれない。別の児童は力強く空に向かって広がる枝に，また別の児童は日の光を受けて透き通る新緑の樹葉に関

心を寄せるかもしれない。行事の場合も同様で，例えば遠足での歩行体験を主題とする場合，皆と歩いたこと，長い距離を歩いた達成感，歩く中で出会った感動的な風景など，印象に残っていることは1人1人違うはずである。このように，事物の観察や体験を基にした造形活動では，1人1人が持つ認識の特性を生かし，児童と造形対象との対話が行われることが望ましい。一般的な概念としての木や遠足ではなく，児童が自らの感性や身体を通して捉えたかけがえのない木や遠足を見つけられるような活動内容が求められる。

（2）児童の想像を基にした題材

　空想の町や風景，未来の道具，新種の生き物，架空のお話の世界など，実在しないものやことを想像して児童が描いたりつくったりする活動内容である。この場合に重視されるのは，児童が実際に経験したことがないことに対して心的なイメージをふくらませ，さらに既有の知識を組み合わせたり再統合させたりすることによって想像する世界を作品として描き出す点である。例えば，未来の町を想像した場合，そこに誰が住み，どのような施設があればよいのか，建物はどのような形状や機能を備え，移動手段には何が用いられているのかといった「町」が含む様々な要素から，児童がどうあって欲しいか，何があると楽しいか，といったことを話し合い，児童が持つ知識を活用しながら新しいアイデアを生み出す活動が考えられる。このように，想像を基にした活動では児童が持つ常識にとらわれない自由な表現を促進するとともに，児童の内的世界を充実させ，かつ広げられるような活動内容が求められる。また，既有の知識の組み合わせを変えることで新たな意味や価値が生まれることも児童に気付かせたい。

（3）用途や伝達を基にした題材

　遊べるおもちゃ，メッセージカード，お面，教室の装飾，手作り楽器など，遊ぶ，伝達する，着用する，生活を彩る，使用するといった用途や目的を持つ作品などを児童が描いたりつくったりする活動内容である。この場合に重視されるのは，児童が生活する実社会との関わりの中で思考・判断・表現が行われる点である。例えば，ビー玉を転がして遊ぶおもちゃでは，うまく転がるための通路の広さや傾斜，そして通路を支える土台の構造の頑丈さと

いった現実的な問題の解決が求められる。メッセージカードでは，伝達する相手を意識した色や形の検討が求められ，部屋の装飾では，普段生活している環境を華やかにしたり，新たな意味や価値を付け加えたりすることが求められる。このように，用途や目的を持つ活動では児童が制約や条件の中で発想や構想をしたり，児童が生活している実社会との直接的な関わりを実感できたりする活動内容の設定が求められる。

（4）ICT機器の特性を生かした題材

写真の活用や編集，アプリを用いたコマ撮り，動画作成など，パソコン，デジタルカメラ，タブレットなどのICT機器を用いた活動内容である。これらの活動で期待できるのは，データで記録できる特性を生かした通信機能の活用，旧来のクレヨン，絵具，粘土等では実現が難しかった時間的要素を加えた動画製作，修正が容易である特徴を生かした写真や描画の編集，映像と音楽を組み合わせた作品製作などである。例えば，動画製作で紙粘土を用いてキャラクターをつくり，グループでコマ撮りの映像を製作する場合，ストーリーの考案，キャラクター製作，撮影，ナレーションの追加など，複数の異なる役割をそれぞれの児童が担うことで作品が製作される。また，児童1人1人は得意なことや興味が異なるため，各々が自らの特性を生かして最も力が発揮できる役割を選択できる。このような関係の中で児童は相互に意見を交わし，助け合い，NGやOKを繰り返しながら1つの映像作品を協働的に製作できる。このように，ICT機器を用いた活動では，ICT機器の使用そのものに意味がある訳ではなく，ICT機器ならではの特性を生かした授業づくりが求められる。

参考文献

アーサー・D・エフランド（ふじえみつる監訳）（2011）『美術と知能と感性－認知論から美術教育への提言』日本文教出版.

文部科学省（2018）『小学校学習指導要領（平成29年告示）解説図画工作編』日本文教出版.

（池田吏志）

Q5　鑑賞する活動の内容構成について述べなさい

1．鑑賞する活動とは

　2017（平成29）年改訂の小学校学習指導要領では，図画工作科の内容は「A表現」「B鑑賞」の2領域，及び〔共通事項〕（Q6参照）で構成されている。そして「B鑑賞」は，「児童が自分の感覚や体験などを基に，自分たちの作品や親しみのある美術作品などを見たり，自分の見方や感じ方を深めたりする」活動であり，表現と鑑賞は相互に関連して働き合うものとされている。また，今回の2017（平成29）年の改訂において鑑賞領域は，「思考力，判断力，表現力等」に関する内容として示され，さらに高学年の鑑賞の対象に「生活の中の造形」が新たに加えられ，食器や家具など児童を取り巻く様々な造形の鑑賞を通して，生活を楽しく豊かにする形や色などについての学習を深められるように改善が図られた。

2．発達的特性に応じた鑑賞の内容の変化

　鑑賞する活動を通して育成する「思考力，判断力，表現力等」とは，自分たちの作品，我が国や諸外国の親しみのある美術作品等を対象として，それらの造形的なよさや美しさについて感じ取り，考え，自分の見方や感じ方を深める力である。

　低学年から高学年への発達的特性に応じた内容のおおよその変化を概観すると，まず低学年では身の回りの作品や材料などから面白さや楽しさなどを感じ取り，考え，自分の見方や感じ方を広げる内容になっている。中学年では，活動範囲の広がりが考慮されて，身近にある美術作品や製作の過程などからよさや面白さなどを感じ取り，考え，自分の見方や感じ方を広げる内容になっている。そして，高学年では，対象の範囲も社会や文化に広がり，分析的に見ることもできることが考慮されて，我が国や諸外国の親しみのある美術作品等からよさや美しさなどを感じ取り，考え，自分の見方や感じ方を

深める内容となっている。

　詳しく学年の変化に注目してみると（学年での違いに下線：引用者），鑑賞する活動の対象は，低学年で「身の回りの作品」，中学年で「身近にある作品」，高学年で「親しみのある作品」と変化する。また，見方や感じ方を深める対象については，低学年で「自分たちの作品や身近な材料」，中学年で「自分たちの作品や身近な美術作品，製作の過程」，高学年で「自分たちの作品，我が国や諸外国の親しみのある美術作品，生活の中の造形」と変化する。そして，それらの対象のどのような特性に注目するかという点は，「造形的な面白さや楽しさ，表したいこと，表し方」（低学年），「造形的なよさや面白さ，表したいこと，いろいろな表し方」（中学年），「造形的なよさや美しさ，表現の意図や特徴，表し方の変化」（高学年）と変化する。さらにそれらの特性について，低中学年では「感じ取ったり考えたりし，自分の見方や感じ方を広げること」，高学年では「感じ取ったり考えたりし，自分の見方や感じ方を深めること」へと目標が高められる。いずれも「思考力，判断力，表現力等」に関する学年目標の変化と対応している。

　また，〔共通事項〕で示されている形や色などの造形的な特徴とイメージに関する事項についても鑑賞の内容となることに留意しなければならない。

表3-5-1　鑑賞の内容（筆者作成）

	資質・能力	第1学年及び第2学年	第3学年及び第4学年	第5学年及び第6学年
B鑑賞	思考力，判断力，表現力等	ア　身の回りの作品などを鑑賞する活動を通して，自分たちの作品や身近な材料などの造形的な面白さや楽しさ，表したいこと，表し方などについて，感じ取ったり考えたりし，自分の見方や感じ方を広げること。	ア　身近にある作品などを鑑賞する活動を通して，自分たちの作品や身近な美術作品，製作の過程などの造形的なよさや面白さ，表したいこと，いろいろな表し方などについて，感じ取ったり考えたりし，自分の見方や感じ方を広げること。	ア　親しみのある作品などを鑑賞する活動を通して，自分たちの作品，我が国や諸外国の親しみのある美術作品，生活の中の造形などの造形的なよさや美しさ，表現の意図や特徴，表し方の変化などについて，感じ取ったり考えたりし，自分の見方や感じ方を深めること。

（石﨑和宏）

Q6　図画工作科における〔共通事項〕について述べなさい

1．〔共通事項〕とは

　〔共通事項〕は，2008（平成20）年の学習指導要領改訂の際に，表現と鑑賞の活動で共通して必要となる資質・能力として新設されたものであるが，今回の改訂でも継承されている。〔共通事項〕は，表3-6-1のように「知識」と「思考力，判断力，表現力等」の2つの柱で示されている。「知識」に関する資質・能力は，形や色などの造形的な特徴に関する事項であり，「思考力，判断力，表現力等」に関する資質・能力は，イメージに関する事項である。また，〔共通事項〕で育成する，形や色などの造形的な特徴を理解することができ，イメージをもつことができる資質・能力は，相互に関連し合う関係にあるとしている。さらに〔共通事項〕は，表現と鑑賞の活動や，形や色などを活用したコミュニケーションの基盤となるものであり，「A表現」「B鑑賞」とともに図画工作科を構成する内容として位置付けられている。

表3-6-1図画工作科の各学年の〔共通事項〕（学年での違いに下線：引用者）

	資質・能力	第1学年及び第2学年	第3学年及び第4学年	第5学年及び第6学年
共通事項	知識	ア　自分の感覚や行為を通して，形や色などに気付くこと。	ア　自分の感覚や行為を通して，形や色などの感じが分かること。	ア　自分の感覚や行為を通して，形や色などの造形的な特徴を理解すること。
	思考力，判断力，表現力等	イ　形や色などを基に，自分のイメージをもつこと。	イ　形や色などの感じを基に，自分のイメージをもつこと。	イ　形や色などの造形的な特徴を基に，自分のイメージをもつこと。

（筆者作成）

2．〔共通事項〕における学年の変化

（1）「知識」に関する資質・能力

　「知識」に関する資質・能力は，児童が自分の感覚や行為を通して，形や色などに気付き（低学年），分かり（中学年），造形的な特徴を理解すること

（高学年）である。発達的特性に応じた学年の変化は表3-6-2のようになる。分析的に見ることができる高学年で挙げられている「造形的な特徴」とは，動きや奥行き，バランス，色の鮮やかさなどであり，形そのものがもつ方向感や質感の違い，色の鮮やかさ，時間的な変化の動き，大きな建物の量感や奥行きの感じ，ものの動きやバランスなどの理解を図ることが大切である。

表3-6-2「知識」に関する〔共通事項〕の学年の変化

自分の感覚や行為を通して，形や色など	に気付くこと。（低学年）
	の感じが分かること。（中学年）
	の造形的な特徴を理解すること。（高学年）

（筆者作成）

（2）「思考力，判断力，表現力等」に関する資質・能力

「思考力，判断力，表現力等」に関する資質・能力は，形や色などやその感じ，さらにその造形的な特徴を基に，児童が自分のイメージをもつことである。イメージとは，児童が心の中につくりだす像や全体的な感じや，心に浮かべる情景や姿のことである。発達に応じた学年の変化は，表3-6-3のように形や色などに対する児童の見方の手がかりの広がりである。

表3-6-3「思考力，判断力，表現力等」に関する〔共通事項〕の学年の変化

形や色など	を基に（低学年）	自分のイメージをもつこと。
	の感じを基に（中学年）	
	の造形的な特徴を基に（高学年）	

（筆者作成）

3.〔共通事項〕を指導する際の留意点

〔共通事項〕の内容は，形や色などを活用してコミュニケーションを図る児童の姿として示されており，児童が普段の生活で発揮している資質・能力であることに留意し，指導することが大切である。そのため，〔共通事項〕だけを題材にしたり，どの時間でも〔共通事項〕を教えてから授業を始めたりする指導は意図されていないことに注意が必要である。

（石﨑和宏）

第3節　図画工作科の指導法

Q7　造形遊びをする活動の指導事項と配慮について述べなさい

1．造形遊びにおける児童の学び

　造形遊びでは，「教室を変身させよう」や「つないで・つないで」といった，一見曖昧で活動内容を即座に判断できない題材名が多い。また，授業では児童が使用できる材料用具や活動場所は指定されても，製作物の指示や個人・集団などの活動形態を固定しない場合も多い。このように，造形遊びでは，具体的なテーマや製作物を教員が限定しない授業が展開される。児童の主体的な活動を期待する活動を図画工作，さらには教育課程の一部として位置付けている理由は，児童の次のような学びが期待されているためである。

　①教員から課題やテーマが与えられるのではなく，児童が材料や場所に働きかける中で自ら課題やテーマを発想・構想すること。（主体的な課題発見）

　②自らが設定した課題やテーマに対して複数の製作方法を考案し，取捨選択したり修正したりすること。（多様な選択肢の考案・判断・修正）

　③材料や場所に含まれる多様な意味や可能性を，児童が感性を働かせながら発見すること。（感性を働かせた事物の認識・解釈）

　④身体を使って，自身の考えや技能を精錬させていくこと。（身体知と認識の往還による知識・技能の精錬）

　⑤他者との協働の中で自らの考えを述べたり相手の考えを取り入れたりしながら相互に創造的な影響を与え，単独では考案・実現できなかった発想や構想に至ること。（協働的な創造活動）

2．指導上の配慮事項

　上記の学びを促進するために，どのような指導上の配慮が必要だろうか。

　造形遊びは，材料や場所，空間などの特徴から造形的な発想を広げる活動である。そのため，教員には活動場所の選定，材料や用具の選定，活動環境の整備，安全管理等に関する知識や技能が求められる。また，造形遊びは絵や立体，工作とは異なり，はじめから具体的な作品をつくることは目的とされず，児童が材料や場所，空間等に関わり自分で目的を見つけて発展させていく活動内容である。そのため，表現における指導では児童の「つくり，つくりかえ，つくる」過程に寄り添った臨機応変の支援が求められる。

　さらに，造形遊びは発達段階によっても配慮事項は異なる。以下，低学年，中学年，高学年ごとに造形遊びにおける指導上の留意点をまとめる。

　①低学年：身近で扱いやすい材料を用いる。並べたり重ねたり動かしたりする体全体を使った活動にじっくり取り組む中から児童のイメージを広げる。材料や場所は十分な量や広さを用意し，児童が満足するまで試行錯誤できる活動環境を用意する。特に1年生は幼稚園での遊びを通した学びとの接続を鑑み，児童の主体的で発見的な学びを重視する。

　②中学年：材料と児童との二項関係から，空間を含めた三項関係で思考・判断・表現できる活動内容や環境を設定する。そのため，活動場所にある机，椅子，壁，樹木，遊具，砂などにも注目させて場所を捉えさせ，材料との関係から造形的な活動を思いつくような指導も求められる。また，中学年では低学年で経験，習得した技能を活用したり組み合わせたりできるような応用的，発展的な指導が求められる。

　③高学年：高学年では，見慣れた場所や空間を新しい場所や空間に変えることに面白さを感じられるようになる。そのため，例えば場所や空間が持つ多様な意味や役割に着目させたり，一般的に認識されている場所や空間の意味を生かしたり意味を変換させたりする活動が可能になる。また，予測することが可能になるため，例えば「風が吹いたらどうなるか」といった時間や環境の変化も含めて思考，判断，表現することも可能になる。つくるものを限定しない点では低・中学年と共通するが，発見することと計画することが同時に行われるような指導が求められる。

（池田吏志）

Q8　絵や立体，工作に表す活動の指導事項と配慮について述べなさい

1．絵や立体，工作に表す活動の指導事項と配慮

　『小学校学習指導要領（平成29年告示）解説図画工作編』によれば，絵や立体，工作に表す活動の指導事項は次の4つにまとめられている。①絵や立体，工作に表す活動を通して育成する「思考力，判断力，表現力等」（以下，「表現の思考力，判断力，表現力等」と略す）②絵や立体，工作に表す活動を通して育成する「技能」（以下，「表現の技能」と略す）③「A表現」及び「B鑑賞」の指導を通して育成する「知識」（以下，「〔共通事項〕の知識」と略す）④「A表現」及び「B鑑賞」の指導を通して育成する「思考力，判断力，表現力等」（以下，「〔共通事項〕の思考力，判断力，表現力等」と略す）である。

（1）「表現の思考力，判断力，表現力等」の指導事項と配慮事項

　「表現の思考力，判断力，表現力等」は，感じたこと，想像したことなどから児童の表したいことを見付けさせる発想に関することと，表したいことや用途などを児童に考えさせながら計画を立てさせたりする構想に関する指導である。配慮すべき点として，低学年では手を動かしている間に発想や構想が徐々に明確になってくることが多いことを踏まえて，教師は児童の製作の方向性が見えてきたタイミングを捉えて，アイデアを認める声かけを行って製作を後押しすると良い。中学年では，用途のあるものの製作や，児童が自分なりに形や色を捉えて見立てる表現などを取り入れ，そして高学年では，児童自身の思いや感情を伝える表現や，意図や目的のある表現活動を取り入れて，教師は児童の発達に合わせた指導をすることが求められる。また，作品をつくり直したり，新たなアイデアを思い付いたりできるように，教師は材料や用具の量や種類，教室環境の工夫などに配慮する必要がある。

（2）「表現の技能」の指導事項と配慮事項

　「表現の技能」については，児童が材料や用具を適切に扱えることと，学

習の経験や技能を活用しながら，表したいことに合わせて扱えるように指導することである。教師は児童が扱ったことのある材料や用具を把握しながら，発達に合わせて指導することが大切である。例えば，低学年では，クレヨンやはさみ，のりなど身近な材料や用具を用いて，使用する材料や形や色などを選んで表現できるように指導する。中学年では，板材や釘，水彩絵の具などの材料や用具を適切に扱えるように指導し，児童が自分の表したいことに合わせて，絵の具に混ぜる水の量を変えるなど，どのように表すかを工夫して多様な表現方法を獲得できるようにする。高学年では，針金や糸のこぎりなど新しい材料や用具を扱うと共に，前学年までの経験や技能を生かしながら，児童が表現に適した材料や用具を選択し，表現方法を柔軟に組み合わせて製作に取り組めるように指導する。また，金槌に木殺し面がある理由や，てこの原理と釘抜きの関係などを児童に考えさせるなどして，他教科等との連携を図り，深い学びの実現を目指すことが教師として大切である。

（3）「〔共通事項〕の知識」の指導事項と配慮事項

「〔共通事項〕の知識」については，絵や立体，工作に表す活動を通して，児童が自らの感覚や行為を通して形や色などを理解できるように指導することが求められる。形や色の理解は，造形活動や鑑賞活動を豊かにするために指導されるべきであり，知識の獲得だけを目的に行われるべきではない。あくまで，教師は児童が結果として知識を得られるように配慮する。

（4）「〔共通事項〕の思考力，判断力，表現力等」の指導事項と配慮事項

「〔共通事項〕の思考力，判断力，表現力等」は，児童のイメージに関する指導事項である。教師は，児童が内面で思い浮かべている像や情景などを，ワークシートに図や言葉で表現させたりするなどして，より具体的なイメージになるように働きかけることに配慮が必要である。

参考文献

文部科学省（2018）『小学校学習指導要領（平成29年告示）解説図画工作編』日本文教出版.

奥村高明編著（2018）『平成29年改訂小学校教育課程実践講座図画工作』ぎょうせい.　　　　　　　　　　　　　　　　　　　　（吉田奈穂子）

Q9　鑑賞する活動の指導事項と配慮について述べなさい

1．鑑賞する活動の指導事項

　美術は，言語と共に1つのコミュニケーション手段であり，鑑賞活動は，話し手，話されたこと，聞き手の三者によって成り立つ言葉によるコミュニケーションと同じ構造で捉えることができる。美術作品とは，作家のイメージ，知覚，記憶，感情などを含む精神活動が絵の具や石などの物的素材を用いて組織化され可視化されたものであり，鑑賞活動の指導においては，感性を生かし，形や色などから意味を読み解き，作品が表出する精神世界との対話が深められる主体的な態度や能力を培うことが求められる。文学作品の創作において，作家が，テーマに基づいてキャラクターや舞台を設定し，ストーリーのプロットを考えるように，美術作家も，テーマを持ち，描く題材を選び，現実の世界から得た材料を自分の表したいイメージに合わせてつくり変えたり組み合わせたりしながら試行錯誤を繰り返して作品を完成させる。作家の創作における思考の働きは，①題材の選択，②形や色などの造形要素の特徴，③構成（組み合わせ）の仕方，④作品から受ける感じ，⑤材料や技法の特徴に表れており，指導では，これらに着目させながら，児童から起こる問いを中心に，作品の精神世界と出会わせ，対話を深める中で，児童が自分らしい見方・考え方をつくり出していく支援に努めることが求められる。

　例えば，葛飾北斎の富嶽三十六景「神奈川沖浪裏」を対象にした鑑賞活動の指導を考えてみよう。鑑賞のねらいは，製作意図を解答として導くことではなく，児童を主観の世界に浸らせることでもない。作品の造形に見出せる北斎の創作上の思考を読み解きながら，北斎が追求したテーマと児童との対話を深めることにある。対話を導く活動には，同じく大波を題材にした初期作品である「おしおくりはとうつうせんのづ」や「賀奈川沖本杢之図」と比較する活動が考えられるだろう。大波の描写が年を経てどのように変化したのか，どうして晩年の作品には富士が構図に加えられたのか，それによって

116

どのような効果を生み出しているのかなどを話し合う活動を通して，独自の大波の描き方をつくり出した北斎の創造プロセスや，納得がいくまで粘り強く自分のテーマと向き合い続けた姿勢などを児童は学び取り，自らの製作や生活の中で生かすことができるだろう。

2．鑑賞する活動の配慮事項

　鑑賞活動の指導に際しては，発達段階による児童の興味の移り変わりや鑑賞能力の特性を踏まえて，対象となる鑑賞作品を選定し，学習の目標と内容を設定する必要がある。

　低学年の児童は，動物や虫などの生き物，家族や周りの人々などが題材である作品に興味を持つ傾向があり，鑑賞では，形や色などの大きな特徴を知覚し，描かれているものから連想してストーリーをつくることができる。

　中学年の児童は，抽象的な作品よりも写実的に描かれた作品を好む傾向があり，作品の製作過程に興味を持つようになる。絵の具，粘土，紙などの材料の違いを認識しながら鑑賞することができ，作品全体の中の部分的要素に着目して読み解けるようになる。また，描かれた人物などに感情移入できるようになる。

　高学年になると，幻想的・空想的な作品にも興味の対象が広がり，児童の関心事とうまく結びつけられるのであれば，抽象的な作品や見慣れない作品であっても理解できるようになる。作品全体と部分的要素との相互関係や，繰り返し，まとまり，強調など構成上の特徴を捉えて，分析的な読み取りができるようになり，表現様式の違いを認識し，どの作家の作品であるのかを識別したり，作品が表出する精神世界を感じ取ったりテーマを解釈したりできるようになる。

参考文献

中村和世監修（2015）『文部科学省検定済教科書　図画工作　準拠　図画工作学習指導書アートカード解説書』開隆堂出版．

（中村和世）

第4節　図画工作科の評価法

▌Q10　表現の活動における評価規準の作成と評価の留意点について述べなさい

1．評価規準の作成

（1）評価規準とは

　評価規準とは，児童の学習状況の把握と学習指導の改善のために行う学習評価において，目標とする到達状況を質的に記述したものである。制度的には，学習指導要領の3つの柱に対応する評価の観点，すなわち「知識・技能」「思考・判断・表現」「主体的に学習に取り組む態度」において「おおむね満足できる」状況とは児童のどのような姿を指すのかを，言葉で説明したものとなる。題材における指導の計画時に評価規準を作成し，授業において児童の観点別評価を行い，それらを総括して学期末等の評定へとつなげていく。

（2）表現の活動における評価規準

　図画工作科の学習指導要領において，表現の活動は「A表現」の「造形遊び」「絵や立体，工作」ならびに〔共通事項〕に示された内容に対応する。2019年に文部科学省より提示された「評価の観点及びその趣旨」等をもとに，表現の活動に焦点を当てた趣旨に記述し直すと，例えば下記のように示すことができる。実際には学年別の評価の趣旨を十分考慮しながら，その題材における表現活動の特性と学習目標に対応した，より具体的な評価規準を，指導する児童の状況を想定しながら作成していくことが求められる。

　「知識・技能」……対象や事象を捉える造形的な視点について自分の感覚や行為を通して理解している。材料や用具を使い，表し方などを工夫して，創造的につくったり表したりしている。

　「思考・判断・表現」……形や色などの造形的な特徴を基に，自分のイメージをもちながら，造形的なよさや美しさ，表したいこと，表し方などについ

て考えるとともに，創造的に発想や構想をしたりしている。

「主体的に学習に取り組む態度」……つくりだす喜びを味わい主体的に表現の学習活動に取り組もうとしている。

２．評価の留意点

（1）評価の目的

評価は，児童の学習状況を把握してその児童の指導に生かしていくため，そして教師自身の学習指導を振り返り，改善していくために行うという目的観を忘れないことが大切である。特に表現の活動においては，単に作品の出来栄えで評価するのではなく，その活動を通して児童に伸ばしてほしい力や姿は何であるかという，その学習の目標に照らした評価を行うという原則に立ち返ることを忘れてはならない。

（2）評価の実践における留意点

授業実践においては評価の場面や方法をあらかじめ計画し，表現活動に取り組む児童の様子を観察したり対話したりして学習状況の把握に努め，メモや写真など過度な負担にならない記録を心がけるとともに，児童の状況に応じて学習を深めるための助言や問いかけをするなど，指導に生かすための評価を心がける。

また，児童自身が学習の過程を振り返り評価できるよう，ワークシート，スケッチブック，作品集（ポートフォリオ）などを児童の状況に応じて活用することが望ましい。

参考文献

国立教育政策研究所（2020）『「指導と評価の一体化」のための学習評価に関する参考資料　小学校図画工作』東洋館出版社.

文部科学省初等中等教育局（2019）「小学校，中学校，高等学校及び特別支援学校等における児童生徒の学習評価及び指導要録の改善等について（通知）別紙4　各教科等・各学年等の評価の観点等及びその趣旨」.

（直江俊雄）

Q11　鑑賞の活動における評価規準の作成と評価の留意点について述べなさい

1．評価規準の作成

（1）表現と鑑賞

　表現の活動における評価規準について述べたQ10では，便宜上，鑑賞の活動を包含しない形，すなわち学習指導要領における「A表現」ならびに〔共通事項〕に対応する内容についての評価規準について扱った。しかしながら，表現の活動を主体とした題材であっても，その中に表現と関わった鑑賞の活動を含む場合が多い。

　すなわち，児童の表現活動の前に鑑賞して豊かな発想を促したり，児童作品を相互に鑑賞して多様な表現を尊重する態度を育てたり，表現活動のあとに日本や諸外国の美術を鑑賞して文化への関心を高めたりするなど，表現と鑑賞が相互に学びを深める機会となることが期待されている。そうした場合には，題材の評価規準作成において，表現を主体としつつも鑑賞における目標との関連を含んだ記述となるよう配慮すべきである。

　このQ11では，主に鑑賞を主体とする題材における評価規準の側面から述べるが，実際にはQ10の内容も考慮し，指導する題材に即して表現と鑑賞の関係を反映させた評価を行うことが求められる。

（2）鑑賞の活動における評価規準

　図画工作科の学習指導要領において，鑑賞の活動は「B鑑賞」ならびに〔共通事項〕に示された内容に対応する。2019年に文部科学省より提示された「評価の観点及びその趣旨」等をもとに，鑑賞の活動に焦点を当てた趣旨に記述し直すと，例えば下記のように示すことができる。実際には学年別の評価の趣旨を考慮し，また鑑賞する作品やテーマに対応した学習目標に合わせて，より具体的な評価規準を作成していくことになる。

　「知識・技能」……対象や事象を捉える造形的な視点について自分の感覚や

行為を通して理解している。

「思考・判断・表現」……　形や色などの造形的な特徴を基に，自分のイメージをもちながら，造形的なよさや美しさ，表現の意図，表し方などについて考えるとともに，作品などに対する自分の見方や感じ方を深めたりしている。

「主体的に学習に取り組む態度」……　主体的に鑑賞の学習活動に取り組もうとしている。

２．評価の留意点

児童によりよい教育を届けていくための評価という目的観を忘れず，学習の目標から設定した規準によって評価を計画し，実践し，授業改善につなげるという原則は表現の活動と同じである。

実際には，鑑賞の場面における発話や取り組みの様子，鑑賞文，ワークシート，調べた作家や作品についてのレポートや発表などを通して評価を行うことが考えられる。その際に，知識の習得結果よりも，鑑賞の活動を通してものごとのとらえ方が深まっているかどうか，他者からの視点や多様な価値観に目を開きながらも，自分の見方や感じ方を伸ばそうとしているかどうか等，児童の主体的な学びの状況を評価できるよう心がけたい。教師は，自分があらかじめ想定した鑑賞の結論を児童に期待しがちである。鑑賞の評価においては，そうした「正答」を一旦脇に置き，児童が鑑賞活動の中で何を感じ，何を学んだのかを軸に，真摯にその声を聞く姿勢が一層求められる。

参考文献

国立教育政策研究所（2020）『「指導と評価の一体化」のための学習評価に関する参考資料　小学校図画工作』東洋館出版社.

文部科学省初等中等局（2019）「小学校，中学校，高等学校及び特別支援学校等における児童生徒の学習評価及び指導要録の改善等について（通知）　別紙4　各教科等・各学年等の評価の観点等及びその趣旨」.

（直江俊雄）

第5節 図画工作科に固有な「見方・考え方」

Q 12 「造形的な見方・考え方」について述べなさい

1.「造形的な見方・考え方」とは何か

平成29年改訂小学校学習指導要領では,「主体的・対話的で深い学び」の視点に立った学習過程の改善を通して質の高い学びを実現することが目指されている。図画工作科における質の高い学びとは,児童が表したい思いを持ち自らの課題に対して想像力を働かせて最善の方法を考えたり,つくり出したりすることを通して意味や価値が新しく形成されることにあり,教科等の特質に応じた「見方・考え方」は,このような学びを累積的に発展させるために要(かなめ)となるものである。図画工作科は,美術の学問領域を教科内容の背景に持ち,図画工作科に固有な物事を捉える見方・考え方は,美術家,美術史家,美術批評家,学芸員など専門家が扱う問題の核心となるアイデアやプロセスに見出すことができる。美術の専門家が取り組む問いや探究方法に本質的である見方・考え方が,児童自身の問いや方法を発展させるために,児童の経験の中で生かされるようになるとき,学びの質は高められるのである。

2.「造形的な見方・考え方」を取り入れた学習指導の留意事項

「造形的な見方・考え方」を取り入れた学習指導に際して,教師は「子どもの日常的な心的態度をいかに探究的な心的態度に転換させていくか」という問いを心に留めておく必要がある。これは,教育を学ぶものにとっては古くて新しい問いであり,最初に提起したのは,シカゴ大学実験学校を創設した教育学者のジョン・デューイ（John Dewey）であった。デューイは「心理学的な観点から,学習者の態度は,科学的研究者のものと類似している。それは程度には差があるが同種のものである。探究し,発見し,実験する態度である」と述べ,教師は,子どもの見方・考え方と専門家の見方・考え方の両方

に精通しているのみでなく，学びの中で前者が後者と絶えず相互作用して子どもの成長を生み出すために両者を接続する第3の眼を鍛える必要性を唱えた。例えば，よい絵とは「本物そっくり」の絵であるといった既成観念に囚われた子どもがいれば，教師の課題は，別の表現方法で描かれた絵のよさを味わわせ，子どもの目を開くことになるだろう。学習活動では，ピカソが描いた写実的な作品と非写実的な作品を比較し，本物そっくりに描く技術を持っていたにもかかわらず，意図的にデフォルメして描いた理由を，子ども自身の視点から推測し読み解く対話鑑賞などが仕組まれるであろう。

3.「造形的な見方・考え方」を取り入れた学習指導の実践事例

実践事例として，2017（平成29）年に広島大学附属小学校と広島県立美術館とが共同開発した題材「作品解説づくりにチャレンジ」（高学年対象）が挙げられる。この題材は，学校の文化祭での作品展示において効果的な作品解説をつくるという児童自身の課題から起こされ，児童は，美術館を訪問して，実物の作品を見ながら作品解説を数点比較し，解説に見出せる「造形的な見方・考え方」を話し合い，学芸員から実際に聞いたりする活動を通して，効果的な解説づくりの視点を考えている。解説づくりの視点として，作品名や作家名などに加えて，「作品を形成する素材や技法など」，「制限字数の中で，伝えたいこと，伝えるべきことを明確にすること」，「伝える相手がどんな人物であるのか，イメージすること」などが明確化され，所蔵作品の中からお気に入りの作品1点を選んで来館者向けの解説を自分達で作成し，この学習活動から得た知識・技能を文化祭での作品展示に活用して，「造形的な見方・考え方」を生かした友達の作品のための解説を完成させている。

参考文献・URL

John Dewey（2003），"The Method of the Recitation", 1898, in *The Collected Works of John Dewey, 1882-1953*. Intelex.

広島県立美術館　https://www.hpam.jp/museum/education/kyozai2.html　2020年3月30日閲覧.

（中村和世）

第6節　図画工作科の学習指導計画

Q 13　表現の学習指導計画の作成方法と配慮事項について述べなさい

1．指導計画とは

　指導計画には，年間の指導計画，学期の指導計画，題材の指導計画，単位時間の指導計画などがある。図画工作科における表現の指導計画を作成するに当たっては，学習指導要領の教科の目標に示されている，育てようとする資質・能力を踏まえ，この1年間でどのように表現の活動を配列するのが良いかを考え，具体的な題材の計画を立て，実際の一時間の授業計画を構想していくことが必要となる。授業は，その場の思いつきで絵を描かせたり，工作をさせたりという不連続なものではなく，前年度までの学習内容を確認し，偏りがないように配列したり，段階的に構成したり，関連性を持たせて計画したりすることが望まれる。また，次年度あるいは小学校6年間を見通し，今の学年だからこそ大切にしたい創造活動について検討したり，経験しておいた方が良い材料や用具などについて考えたりして題材を設定することも重要である。そしてこれらは全て，目の前にいる児童の実態を踏まえ，計画される。「〇年生だからこのような作品を作らせたい」などと作らせたい作品のイメージが先行しすぎると，授業のねらいが教師のねらいとなってしまいかねない。児童が主体的に感じ考え，工夫し表現する時間を作り出すことを大事にしながら指導計画は立てられるべきであり，これを実現する授業を展開していくことが肝要である。

2．学習指導案について

　学習指導案とは，1つの授業の計画であり，授業の設計図と言える。図画工作の授業を行うまでには，年間指導計画に基づいて題材を選び，育成よ

うとする資質・能力を設定し，授業の具体的展開を検討し，必要な環境や材料を用意するなど，様々な手順を踏むことが必要である。学習指導案を作成することで，授業を行う前に，題材の目的，学習内容，指導方法，育成しようとする資質・能力などについて具体的にイメージし，順序立てて整理することができる。このプロセスにより，児童が興味・関心を持って主体的に取り組むことができる学習であるとともに，育成しようとする資質・能力が具体的な活動の中に位置付けられた授業につながる。また，学習指導計画を立て，学習指導案を作成することは，教材研究や児童理解の力を高める機会であり，教師の授業力を高めることにもつながると言える。

（1）学習指導案作成の前に

　学習指導案作成の前に，まず題材を設定する。題材を設定する際には，カリキュラムにおける学習内容のバランスを考えることが必要となる。図画工作の表現活動として，造形遊び・絵・立体・工作がある。それぞれの特徴があり，学習活動としての意義を持つため，どれかに偏ってしまわないよう，年間指導計画や6年間を見通した計画の中で適切に題材を選ぶようにする。また，他教科との関連や学校行事とのつながりを意識して設定することも必要である。時には，児童の日常の姿や会話から題材が考案される。そこに学習活動としての可能性を見出し，適切な題材のねらいを設定することができれば，単なる思いつきの授業ではなく，価値ある授業として成立させることができる。

（2）学習指導案の作成方法

　学習指導案では，どのような力をどのように学ばせるかが一貫して示されている必要がある。その具体化のために必要な項目は次の通りである。なお，学習指導案の形式は地域や所属学校等によって様々な違いがあることに留意しておきたい。

　1　題材名
　2　題材設定の理由（児童観）（題材観）（指導観）
　3　題材の目標

図画工作科学習指導案

指導者：○○　○○
日時：○○年○月○日○校時　場所○○
学年：第○学年　○組○名

1　題材名
　　児童一人一人がイメージを膨らませ，自分なりの表現意欲が高められるような題材名が望ましい。題材の目標に即した活動につなげるために，例えば造形遊びでは，完成作品ではなく，材料や行為，場所などとの関わり方を想起させる題材名を考えたり，絵や立体・工作では，テーマや製作イメージにつながるような題材名を考えたりする。

2　題材設定の理由
（児童観）児童の造形に関する興味・関心の様子，これまでの造形体験，材料・用具の経験やその技能，発達段階などについて述べる。
（題材観）題材がもつ価値や，期待できる造形表現の広がり，題材を通して育成したい資質・能力について述べる。
（指導観）児童の実態を踏まえながら，育成したい資質・能力をどのような指導により実現しようとするのかを具体的な手立てとして述べる。

3　題材の目標
　　題材を通して育成したい資質・能力を学習指導要領における教科等の目標や各学年の目標及び内容に基づいて具体的に設定し，記述する。

4　題材の評価規準
　　題材全体の評価規準を，「知識・技能」「思考力・判断力・表現力等」「主体的に学習に取り組む態度」に整理して記述する。

5　題材の指導計画
　　題材全体の流れが分かるよう，学習内容や時間配分を時系列で記述する。

6　準備

　学習活動に必要な材料，用具，資料などを記述する。教師が準備するものと児童が準備するものを分けて記す。

7　本時の学習

　題材の指導計画をもとに本時の学習についてより詳細に記す。

（本時の目標）題材の目標を達成するために位置づけられた1時間の中での目標を設定する。よって，題材の目標と対応しているが，題材の目標よりも本時の活動に焦点化された具体的な目標設定が必要となる。

（本時の評価規準）題材の評価規準をもとに，本時の目標と対応させながら記述する。

（本時の準備）本時で必要な材料，用具，資料などについて記述する。

（本時の展開）1時間の中での児童の学習活動について整理し，それに対する指導上の留意点，評価の項目について記述する。

	指導内容	学習活動	指導上の留意点	評価
導入	本時の活動の見通し	児童の学習活動について，児童を主語として具体的に記述する。導入では，題材について理解し，イメージを膨らませる。	手立てとねらいを明記する。 （例）「〜することで，〜できるようにする。」 試作を通して教師が体験したことをもとに，児童の姿を予測しながら必要な手立てを考えるようにする。 「配慮を要する児童について」など個別の手立てを記述することもある。	評価の方法例 ・観察 ・発表，発言 ・作品 ・ワークシート ・感想文
展開	本時の活動	展開では，イメージしたことをもとに，本時の目標に即した表現活動が展開されるよう学習活動を設定する。		
まとめ	本時の振り返り	まとめでは，活動内容について振り返る。		

　指導計画や学習指導案は，その背景にいつも児童の姿が浮かび上がるものであるようにしたい。そのために，適切な児童理解や深い教材研究を行い，児童がつくりだす喜びを感じたり，次はもっとこんな表現の工夫をしてみたいと意欲的に活動できたりするような表現活動の授業へとつなげたい。

（芦田桃子）

Q14　鑑賞の学習指導計画の作成方法と配慮事項について述べなさい

1．学習指導計画の作成方法

　造形活動中の児童は，自然と自分や友達の作品を見ている。つまり，造形活動と鑑賞活動の往還によって，児童の表現は広げ深められる。そのため，表現と鑑賞は原則，関連付けて指導される。しかし，全ての学年の児童に対して，独立して扱うことで指導の効果を高めることができる場合，鑑賞活動を単独で行うことができる。教師が鑑賞の指導計画を作成する際には，特に以下の点を考慮しなければならない。

（1）鑑賞の目的

　『小学校学習指導要領（平成29年告示）解説図画工作編』によれば，鑑賞は児童が自分たちの作品や日本，諸外国の親しみのある美術作品などを見る活動を通して，形や色，作品などのよさや美しさを感じ取ったり，自分の見方や感じ方を深めたりして，「思考力，判断力，表現力等」の育成を目指す活動のことである。鑑賞活動を通して，自分のものの見方や感じ方を更新し続け，視覚的情報が溢れている現代社会に主体的に対応して生きていく姿勢を身に付ける。

（2）鑑賞の内容

　鑑賞活動で用いられるものとして，まず児童作品がある。製作途中や完成後に作品をお互いに鑑賞する。2つ目は，美術館の収蔵作品や名画の複製画，地域にある作品などである。近年では，スライドに投影した美術作品の中に入り込んだかのような疑似体験をしながら鑑賞をする「ウォークビュー」など，ICT機器を用いた活動も行われている。3つ目は，身の周りの食器や家具，伝統工芸品，ポスター，看板の文字デザインなどである。教師は，児童の実態と授業目標に合わせて，鑑賞活動に使用する作品を選択する。

（3）鑑賞の方法

　他人の作品の鑑賞活動を通して，作品を「見る」力を育てるための鑑賞活

動の手立てとして代表的なものを４つ紹介する。

①質問や吹き出し

鑑賞する絵画作品の中の人物などに吹き出しをつけて，一体どのようなことを話しているか，どのような気持ちなのかを想像させ，場面を児童に考えさせる活動である。その他，児童が作品の作者を演じて，他の児童の質問に答えるロールプレイ形式で鑑賞を行う方法などがある。

②５感を使った活動

鑑賞活動は，視覚的な気付きが多くなりがちであるが，「どんなにおいがしそう？」（嗅覚）「どんな音が聞こえそう？」（聴覚）などと教師が声かけをすることで，児童に５感を使わせて連想させる鑑賞活動を展開できる。

④対話型鑑賞

作品を見ながら児童が見つけたことを話し，対話を通して気付きを共有する鑑賞活動である。作品に描かれたものや様子に加え，「その後どうなりそうか」など，児童の自由な想像，推測による鑑賞活動の展開が可能である。

⑤アートカード

美術館や教科書会社が販売している，美術作品をトランプのようなカードや，児童につくらせたカードを鑑賞活動に使用する。例えば，神経衰弱のようにカードを２枚ずつめくり，選んだ絵の共通点を言うことができればそのカードをもらえるなど，ゲーム形式で鑑賞活動を行うことができる。

２．配慮事項

教師は，指導の効果を高めるために鑑賞活動を独立して設定する場合，児童が能動的に授業に参加できるかどうか，その授業の必要性や必然性を十分に検討する必要がある。加えて，鑑賞の指導計画を作成する時，教師は，児童一人一人の感じ方や見方を深めること，児童の実態に応じて作品を選ぶこと，作品や作者の知識を目的ではなく，あくまでも結果として得られるようにすること，言語活動を充実させることに配慮することが大切である。

（吉田奈穂子）

Q 15　表現の活動のための教材研究の視点について述べなさい

1．目的と意義

　表現の活動において重要なことは，児童が自ら「描きたい」「つくりたい」と感じ，考え，主体的に創造活動を行っていく授業にすることである。そこにつくりだす喜びがあり，豊かな学びがあると言える。では，児童が自ら進んで創造活動を楽しむ姿を実現するためには何が必要か。それは，自分らしさを発揮しながら，自分らしい表現をさらに追求することができる学習の場である。表現活動の目的は，教師が求める作品をつくらせることではなく，また，技術訓練の場でもない。自分なりの表現の工夫を楽しみながら追求することにある。教材は，その目的を達成するための学習素材であるから，教材そのものを学びの対象とするのではなく，教材を通して児童の造形表現を豊かに培っていくことを目指したい。そのために，教材の意義や価値を見出し，つくりだすのは教師である。教師である授業者が，表現活動の目的に沿って，教材を深く追究し，指導の在り方について研究すること，すなわち丁寧な教材研究が質の高い授業につながる。

2．教材研究の視点

　表現の活動の教材研究を行うにあたって，児童の表現活動を充実させる授業を実現するために，いくつかポイントとなる視点を述べる。

（1）児童の実態把握

　教材研究を進めるにあたって，目の前の児童について丁寧に理解しようとすることを何よりも大切にしたい。児童がどんなことに興味・関心を持っているのか，これまでどのような造形体験をしてきたのか，材料・用具の経験

やその技能のレベルはどうか，さらに心身の発達段階などについても考慮し，それらを整理したり理解したりするようにする。このように，様々な側面から児童の実態把握を行うことは，教材研究において，効果的な学習素材を選定したり適切な目標や活動内容を設定したりすることに生かされる。

（2）学校や地域の実態把握

学校や地域の実態把握もまた，教材を広げたり深めたりすることにつながる。学校の文化や伝統，学校行事などの取り組みが造形活動のヒントとなる例として，学校のシンボルツリーをテーマにした表現活動や，校内で取り組んでいる平和学習に合わせて全校で同テーマのもと設定する活動などが挙げられる。また，地域の自然素材を生かす方法や，地域の人材から協力を得ることも地域とともに育つ児童にとっては重要なことと言える。

（3）目標に沿った教材研究

題材を通して一番学ばせたいことは何か，どんな資質・能力を育てようとするのかに関する明確なイメージのもとで，教材研究は進められる。そのため，題材の目標は常に教材研究の柱となる。

目標には，これまでの活動内容や創造体験を踏まえるという児童の姿から考える視点と，教材が持つ魅力や可能性を生かすという学習素材から考える視点とがある。よって，児童にとって興味がわき，「自分ならこうしたい」「新しく挑戦してみたらこんなことができた」など，これまでの経験や技能を生かしながら意欲的に取り組むための方法を考えたり，教材の魅力や可能性について探究し，扱い方を考えたりする2つの視点から教材研究を進めることが，目標に沿った教材研究につながると言える。

（4）題材の目標に合った材料・用具の選定

表現活動における教材研究では，題材の目標に合わせて材料・用具の選定を行うにあたり，教師が実際に体験して確かめることが大切である。材料・用具の選定においては，異なるいくつかの材料で試作を行っておくと，適切な材料について吟味することにつながる。例えば絵や工作における画用紙の選び方では，その厚み，大きさ，質感，色の種類によって全く異なる雰囲気の作品に仕上がる。また，児童1人ひとりが自分の表したいことに合わせて

材料・用具を選択できるような方法も考えられる。例えば，着色について自分で描画材を選んだり組み合わせたりすることができるようにすると，より表したい感じに近づけることができる。この題材で育成しようとする資質・能力とは何かを常に柱として考えながら，適した材料や用具を決定し，事前に揃えておくようにする。学校や地域に使える材料を見つけて集めたり，児童に題材を予告し，使いたい材料を集めさせたりする方法もある。この場合，児童は自分の表したいことに合わせて材料を見つけたり，或いは材料から表したいことを思いついたりするなど既に創造活動が始まっていると言える。

（5）指導方法の検討

①授業構成の計画

指導の手順や学習活動の時間配分などについて吟味し計画する。事前の試作により，どこにどのくらい時間が必要か想定される。また，題材の目標を明確にすることで，時間をかけて取り組ませたい場面を決定する。絵や立体・工作の活動においては，表したいことを具体的なイメージにするまでに時間的な個人差が生じやすい。じっくり考えながら形にしていく児童がいつも時間に制限されてしまうことなく活動できるよう，時間設定の工夫以外にも指導の手順や授業展開などを計画的に構成するようにする。

②教材との出会わせ方

教材との出会わせ方についての検討事項としては，題材名の工夫や教材提示の工夫などがある。

まず，表現活動における題材名は，題材の目標に即した創造的な活動につながるものである必要がある。よって，造形遊びでは，完成作品ではなく，材料や行為，場所や空間との関わり方を想起させる題材名を考えるようにする。一方，絵や立体・工作では，テーマや製作イメージにつながるような題材名をつけることが多い。また，発展や展開を自分で想像でき，「自分なら…」と自分らしい表現への意欲が高められるものにすることで，表現活動の目的に迫ることができる。

教材提示においては，材料，用具，参考作品など，授業を始めるにあたって事前に提示するもの，しないものを意図的に工夫することが考えられる。

例えば，初めに作品ではなく材料のみを提示し，素材の特性に着目させる方法や，あえて製作途中の参考作品を示すなど，目的に沿った工夫により，表現活動に異なる効果を与えることができる。

③安全指導について

表現活動においては，児童が失敗を恐れず，様々な方法を試しながら自分らしい表現を追求できる姿を実現したい。そのためには，活動中に事故や怪我が生じないよう，安全上の配慮に関し，教材研究を通して十分検討しておく必要がある。教師が事前に行う試作の中で，用具や材料，活動環境に関し注意が必要な点について実際に体験しながら把握し，教師が行う安全管理と児童への安全指導とを整理しておくようにしたい。

教師が行う安全管理については，例えば活動中の児童の向きや隣との空間の取り方，材料や活動ごとの教室の区切り方，材料を取りに行かせる際の動線など，安全に活動が行われるためのルールを教材の特徴や題材の目標と合わせて明確にしておくようにする。

児童への安全指導としては，「気をつけましょう」という注意喚起だけではなく，どのような時に危険が生じるかを具体的に考えさせ，児童が自分で理解して適切な行動がとれるよう，指導方法を明確にしておくことが望ましい。

（6）授業を終えての検討

授業後に教材についての振り返りや指導に対する検討・評価を行うことも教材研究の重要な視点と言える。客観的考察のために，活動の過程や作品をビデオや写真で記録しておくことも新たな気付きにつながる。児童が自ら進んで創造活動を楽しむ姿や自分なりの表現の工夫を追求する姿は実現されていたか。そのために必要な教材の意義や価値を見出せたか。意義や価値を実現させるための指導の方法は適切だったか。ここまでの過程を教材研究の一括りとして絶えず繰り返す先に，児童の表現活動の充実と高まりがあると言える。そして，教材研究はいつも教師のためではなく児童のために行わなければならない。「あの子なら…」と一人一人を思い浮かべながら，児童に寄り添った教材研究を心掛けたい。

（芦田桃子）

Q 16　鑑賞の活動のための教材研究の視点について述べなさい

1．教材研究の視点

　教科書や指導書，インターネット上に公開されている指導案などを見れば，図画工作科の授業を行うことは容易に思えるかもしれない。しかし，説明の手順や鑑賞に適した絵画の大きさ，児童の回答例など，指導案だけで教師が具体的な授業の見通しをもつことは難しい。そこで教師に必要となるのが教材研究である。野口芳宏は，教材研究を「素材研究」「教材研究（狭義）」「指導法研究」の三段階に分けている。この三段階に従って，図画工作科における鑑賞活動のための教材研究の視点を述べる。

（1）自分で作品や題材と向き合う

　「素材研究」とは，「教師」という立場は一旦置いておいて，まずは自分で作品に向き合うということである。野口によれば，教師は「素材研究に」最も時間をかけるべきであると言う。実際に名画などの作品を鑑賞してみると，作品に表現されているものやそこから自分が感じたイメージや解釈，作品の題名や作者の意図，素材や材料，技法など，さまざまなことを読み取ることができる。さらに，「素材研究」とは，専門性を高めることを目的とするため，作者の生涯，作者の他の作品，同じ時代を生きた別の作者の作品などを画集や本などで調べておくことも重要である。本や画集，ウェブ上で美術作品を見ることはできるが，作品のサイズ感やテクスチャなど，実際の作品でないと読み取れないことも多い。そのため，美術館や博物館などに足を運んで，自分の目で作品を鑑賞することは「素材研究」において有効である。

（2）教師として作品や題材と向き合う

　「教材研究（狭義）」とは，実際に授業を計画するために，教師の視点で作品と向き合うということである。この段階で教師は，授業を通して児童に何を考えさせ，何を伝え，どのような力を育てるのか，という観点から作品や

題材に接し，その教育的な価値を探る。指導目標と鑑賞に用いる作品や題材がある程度定まってくると，1つの作品または複数児童に提示するのか，または作品の一部分や拡大した部分を見せるのか，複数の作品を比較させるのかなど，授業展開の見通しがもてるようになる。学習指導要領に示されている指導事項と児童の発達段階と実態，教科の目標をふまえた上で，授業の目標と内容を考え，筋の通った指導計画を立てることが大切である。

　授業で用いられる教科書は，学習指導要領の方針にしたがって編集されている。したがって，まずは教科書や教科書に準拠した指導書などを参考に，児童の実態に応じて工夫しながら授業を組み立てられるようにして，徐々に自分なりに授業を組み立てていけるように心がけると良い。

（3）指導法研究

　3つ目の「指導法研究」は，具体的な授業の進め方など教材の活用を具体的に想定した研究のことである。図画工作科における「指導法研究」は，授業する教室や児童の姿を頭の中で思い浮かべながら，より良い授業にするための手立てと方法を学んだり，考えたりする段階である。教師は，授業の目標や児童の実態に合わせて鑑賞方法を変えたり，ワークシートを工夫したりして，児童が鑑賞活動に主体的に取り組むことができる方法を選択しなければならない。また，児童の実態を考慮した指導過程や，つまずきが見られる児童に対しての対応方法，見やすい板書計画，効果的な掲示物や配布物，具体的な評価基準などを事前に考えておくことも大切である。

　野口は「素材研究」に5割，「教材研究（狭義）」に3割，「指導法研究」に2割の力を注ぐようにと主張している。しかし，教師が指導法に関する知識をどの程度もっているかということが，授業の深みや展開に影響を与えることは言うまでもない。「学び続ける教師」として，授業研究会や公開授業に積極的に足を運び，授業改善に努めることが教師には求められる。

参考文献

野口芳宏（2011）『野口流　教師のための発問の作法』学陽書房.

（吉田奈穂子）

Q17　図画工作科を指導するための教師としての資質や能力は何かについて述べなさい

1．表現と鑑賞の活動を楽しみ，学び続けること

（1）根本的な資質能力

　図画工作科は工夫して自分らしい表現を作り出すことを楽しみ，他者の表現を尊重し，新しい試みに挑戦する態度を大切にする教科である。その指導においては，教師自身が表現と鑑賞の活動を楽しみ，学ぼうとし続けることが根本的な資質能力である。

（2）楽しむこと

　本来は創造の喜びに満ちているはずの図画工作科が，児童自身による発見や工夫の乏しい，教師の指導に合わせるための難行苦行の作業と化してしまう。芸術の指導において陥りがちな，権威主義の弊害である。学習活動を楽しんでいない児童がいたら，本来の表現の喜びを引き出すためにどうすればよいか，解決を模索する姿勢が求められる。

（3）学び続けること

　教師自身が学ぼうとし続ける態度を失ってしまうと，芸術において一定の方法を繰り返し用いることに安住し，型にはまった表現しかできなくなってしまうマンネリズムを学校教育に持ち込んでしまう。児童に寄り添い，一時的な失敗や意外な発想なども生かしながら，ともに創造的な瞬間を授業の中で分かち合おうとする柔軟な姿勢を持つことが不可欠である。

2．芸術的価値観を学ぼう

　教師自身に求められる一般的な資質能力に関わって，図画工作科の指導から学ぶことのできる芸術的価値観について，下記の5点を挙げておきたい。

①多様性：他者の表現や文化の多様性に関心を持ち，敬意を払おう。教師が児童の作品をどのように扱うかによっても行動で示すことができる。

②創造性：いつもとは少し違う見方でとらえたり，新しい解決方法を考えたりしてみよう。教師も学習指導や学校運営において創造性を発揮できる。

③美や楽しさ：効率や競争を追求するだけでなく，生きること自体を楽しむために芸術的な活動の価値を見直そう。

④批評的態度：作品に感動するだけでなく，いろいろな解釈や背景について考えることによって，人生への見方を深めていこう。

⑤熟練：工夫することの大切さ，失敗に負けずにやり遂げる態度など，芸術に学び人生に生かしていける教訓は多い。

3．芸術を社会に生かそう

特に，図画工作科を得意分野とする教師は，下記の資質能力を発揮し，この教科や芸術の大切さを社会に示す使命がある。

①美術やデザインを通して学校全体の視覚環境をプロデュースし，生き生きとした創造的な雰囲気のあふれる場にしよう。

②得意でない教師が安心して図画工作科の指導に取り組めるように，指導計画や題材の指導方法に関する情報発信をしよう。

③学校を，だれもが互いの表現を尊重し，認め合い，時には率直で建設的な批評を述べ合える相互啓発的な場にしていこう。

④教師自身が人生の芸術家・デザイナーとして，豊かで創造的な生き方，自分らしい生き方を生きよう。

参考文献・URL

中央教育審議会 (2006)「今後の教員養成・免許制度の在り方について (答申)」
　　https://www.mext.go.jp/b_menu/shingi/chukyo/chukyo0/toushin/1212707.
　　htm　2020年4月26日閲覧.

（直江俊雄）

第4章

家庭科

第1節　家庭科の目的・目標

Q1　家庭科の目標について生活を対象とする学びの特徴から説明しなさい

1．家庭科の目標は何か

「先生，何のために家庭科を勉強するのですか？」この児童の問いに，あなたなら何と答えるだろうか。考えてみよう。目標を表4-1-1に示す。

表4-1-1　小学校家庭科の目標（学習指導要領より抜粋）

> 生活の営みに係る見方・考え方を働かせ，衣食住などに関する実践的・体験的な活動を通して，生活をよりよくしようと工夫する資質・能力を次のとおり育成することを目指す。
> (1) 家族や家庭，衣食住，消費や環境などについて，日常生活に必要な基礎的な理解を図るとともに，それに係る技能を身に付けるようにする。
> (2) 日常生活の中から問題を見いだして課題を設定し，様々な解決方法を考え，実践を評価・改善し，考えたことを表現するなど，課題を解決する力を養う。
> (3) 家庭生活を大切にする心情を育み，家族や地域の人々との関わりを考え，家族の一員として，生活をよりよくしようと工夫する実践的な態度を養う。

よくみられる答えは，「自分で生活するために必要な知識や技能を得るため」である。これは「(1) 知識及び技能」に該当する。(1) は目標の1つであることには違いない。しかし，(2) や(3) も家庭科の目標である。

家庭科の最終目標は「生活をよりよくしようと工夫する力を育成する」である。そのために，(1) に加えて，(2) 日常生活の課題を解決する力，(3) 家庭生活を大切にする心情や家族の一員として生活を工夫する実践的態度の育成が求められている。従って，適切な答えは「生活をよりよくしようと工夫する力をつけるため」となるだろう。生涯にわたって自立し共に生きる生活を創造できるよう，小学生は小学生なりに，生活をよりよくしようと工夫す

る力を育成することが，家庭科の目標である。

2．家庭科が対象とする生活とは何か

　小学校の調理実習では野菜サラダを作る。そこで，料理教室と調理実習の違いを例に，家庭科が学びの対象にしている生活とは何かを考えよう。

　両者の違いを表4-1-2に示す。

表4-1-2　「野菜サラダを作る」料理教室と調理実習の違い（筆者作成）

	料理教室	調理実習
指導者	調理に関する専門的知識や技能を有する人	小学校教諭
対象	野菜サラダを作れるようになりたい人	小学校5年生の児童
活動内容	①作り方の説明・示範 ②調理 ③試食・片づけ	①作り方の説明・示範 ②調理 ③試食・片づけ
ねらい	・野菜サラダを作ることができる。	・野菜サラダを作ることができる。 ・健康・安全の視点でゆでる調理の良さを理解する。 ・家族の一員としてできることを増やす。 ・生活をよりよくしようとする実践的態度を育てる。

　活動内容をみると，料理教室も調理実習も大差はない。しかし，ねらいは大きく異なる。調理実習のねらいは，「調理の知識や技能の習得に加え，調理のよさを実感し，楽しく食べるために食事の仕方を工夫するなど日常生活に活用する意欲をもたせ，家族の一員として生活をよりよくしようとする実践的態度を育てること」にある。年齢やライフステージの変化に伴い，私たちは一生の間にさまざまな生活を経験する。また，人によって望む生活は異なる。生活とは，生命をつなぎ活動することである。生活をよりよくすることは，よりよい人生を歩むことに通じる。目標に「家庭生活を大切にする心情」とあるように，家庭科では，生活を大切にすることが重視されている。

　児童一人一人が，自身の生活を大切にする思いを育み，生活に必要な基礎的な理解や技能を身につけ，生活の中の課題を解決する力を養うことを通して，「生活をよりよくしようと工夫する力」を高めることを目指したい。

（小清水貴子）

Q2　家族・家庭生活の学習に関する内容と効果的な指導法について述べなさい

1．小学校家庭科で扱う家族・家庭生活に関する学習の内容

　学習指導要領において，小学校家庭科の内容は「A家族・家庭生活」「B衣食住の生活」「C消費生活・環境」より構成される。「A家族・家庭生活」では，「自分の成長と家族・家庭生活」「家庭生活と仕事」「家族や地域の人々との関わり」「家族・家庭生活についての課題と実践」の4項目が示される。

2．「自分の成長と家族・家庭生活」の内容と効果的な指導法

　小学校では，家庭科をはじめて学ぶ第5学年の最初に，「自分の成長と家族・家庭生活」の学習において，自分が家族との関わりの中で成長したことを振り返る。そして，家族の大切さに気付くとともに，これから学ぶ家庭科の内容が生活と密接に関わることを認識したうえで，家族との協力，人々との関わりによって，よりよい生活をつくることについて学習していく。

　指導の際には，特に家族の在り方の多様性を踏まえたプライバシーへの配慮が求められる。そのため，例えば絵本や紙芝居の中のモデルとなる家族をもとに，家庭生活を考える学習方法が有効とされる。これらの学習を基盤として，中・高等学校では，現在から将来（時間軸），家庭から地域・社会（空間軸）へと視野を広げ，共生的な生き方を創造する資質の育成が目指される。

3．「家庭生活と仕事」の内容と効果的な指導法

　家庭生活は多様な仕事から成り立っており，それらの多くは家族員が担っている。「家庭生活と仕事」の学習では，家庭の仕事について知り，家族が協力，分担する必要性を認識したうえで，それらの仕事を計画工夫することを学ぶ。

その際，家事を"お手伝い"としてではなく，"家庭の仕事"として認識し，主体的に家庭生活の営みに参加していくという捉え方が大切である。

効果的な指導法の1つとしては，ロールプレイングが挙げられる。家事分担等に関わる葛藤場面を演じ，家庭の仕事や家族の役割，家族員の考え方，価値観を理解することで，家族に関わる"深い学び"につなげられるであろう。

4.「家族や地域の人々との関わり」の内容と効果的な指導法

「家族や地域の人々との関わり」の学習では，家族との触れ合いや団らんの大切さ，地域の人々の協力の重要性を理解したうえで，家族や地域の人々との関わりについて考え，工夫することを学習する。また学習した内容は，家族の団らんや地域の人々とのコミュニケーションに活かすことが期待される。

指導においては，地域の高齢者に小物を製作してプレゼントするなど，サービスラーニングの視点を取り入れた授業づくりが有効である。このような"対話的な学び"を通して，児童は地域の一員としての役割を認識できよう。

5.「家族・家庭生活についての課題と実践」の内容と効果的な指導法

「家族・家庭生活についての課題と実践」の学習では，課題を解決する力と，生活をよりよくしようと工夫する実践的な態度の育成が重視される。そのため，各学習内容に関わる発展的課題への取り組みにとどまらず，生活課題を発見し，主体的に工夫，解決するための手立てが必要となる。

身近な生活に目を向けて，問題解決のステップ（A問題に気付く，B情報収集し，現状を把握する，C情報の多角的検討，D解くべき課題の設定，E解決方法や案を考える，F解決案の多角的検討，G計画の決定と実行，H結果の発表と振り返り/省察）を踏むことが有効と考える。

参考文献
荒井紀子・鈴木真由子・綿引伴子編（2009）『新しい問題解決学習 Plan Do Seeから批判的リテラシーの学びへ』教育図書.
文部科学省（2018）『小学校学習指導要領（平成29年告示）解説家庭編』東洋館出版社.　　　　　　　　　　　　　　　（河﨑智恵）

Q3　衣生活の学習に関する内容と効果的な指導法について述べなさい

1．小学校家庭科で扱う衣生活学習の内容

　学習指導要領には「衣服の働き」「衣服の手入れ」「生活を豊かにするための布を用いた製作」が示されている。健康・快適・安全で豊かな衣生活に向けて，衣生活をよりよくしようと工夫する力を育むことが求められる。

2．「衣服の働き」の内容と効果的な指導法

　小学校では保健衛生上と生活活動上の働きを取り上げ，季節に応じた素材や形などに気付かせ，目的に合った衣服を選び，快適で安全な着方を工夫できるようにする。TPOなど社会生活上の働きは，中学校で学習する。
　授業では，生活場面で着替える理由や季節の変化に応じた着方を話し合うなど，衣服の働きを日常着の着方と関連させて理解できるように指導する。実験では，衣服の代わりに軍手を活用することも考えられる。例えば，重ね着による暖かさの体感や動作の学習では，片手ずつ，軍手の種類（厚手，薄手，布製，ビニル製（衣服のウインドブレーカーを想定））や枚数，重ねる順番の条件を変えて，ドライヤーの冷風を当て，温かさや手指の動きやすさを調べる。実験結果をまとめ，日常着に置き換えて考察することで，暖かい着方の理解を深めることができる。

3．「衣服の手入れ」の内容と効果的な指導法

　小学校では手入れの必要性を理解し，ボタンの付け方や手洗いを中心とした洗濯について学ぶ。電気洗濯機による洗濯は，中学校で取り上げる。
　授業では，靴下を教材に，日常着の手入れの問題を意識させるとよい。靴下の働きを考えながら，汚れた靴下を観察する。汚れがひどいのはどこか（それはなぜか，どこに力がかかるか），どんな汚れがあるか（それはなぜ

か），汚れをどうするか（いつ洗濯するか，どんな洗濯をするか）を話し合い，洗濯の計画を立てる。片方はそのまま（before），もう片方のみ洗濯して（after）比較する。汚れを落とすことに集中し過ぎると靴下が伸びる。「力を入れると汚れは落ちるが，伸びると洗濯の意味がない」「洗剤の使い過ぎは，すすぎに水や時間がかかる」など，体験により，洗濯の仕方によって布に負荷がかかることや，環境への影響について理解が深まる。学んだことを生活に生かせるように，実感を伴った学びを大切にしたい。

4.「生活を豊かにするための布を用いた製作」の内容と効果的な指導法

　題材として日常生活で使用する物を入れる袋などの製作を扱い，布に関心をもち，布の特徴を生かして生活を豊かにするための物を製作できるとともに，生活を楽しむ態度を育成する。製作の学習は，布の特徴や取り扱い方，縫いしろや目的に応じた縫い方など縫製に関する知識や技能，ゆとりや使い心地（着心地）など衣服に関する学習内容が含まれる。また，消費者として商品を選択する目を養うことができる。「作品を完成させる」ことに捉われがちであるが，「生活を豊かにするための製作」であることを押さえたい。

　高学年は校内で教室を移動する機会が増える。そこで，トートバッグを題材にした（中村亜紀子先生：静岡県富士市立田子浦小学校）。大きさや持ち手の長さを考えて製作し，完成後2週間，実際に学校生活で使用した。そして，「バッグを使ってみたら…」をテーマに，振り返りの授業を行った。「持ち手を長くすれば，肩にかけられた」，「マチをつければ，もっと物が入った」など，バッグを使いやすくする工夫（快適の視点）が挙がった。また，「バッグを使うと両手が空き，階段の移動が安心だった（安全の視点）」，「落し物が減った（物の管理の視点）」の意見が聞かれた。トートバッグの製作を通して，安全で豊かな学校生活を送れるようになったことを，児童自らが気付いていた。製作した物を活用する楽しさや手作りのよさを味わうなど，自らの手で生活をよりよくできることを実感させたい。

（小清水貴子）

Q4　食生活の学習に関する内容と効果的な指導法について述べなさい

1．小学校家庭科で扱う食生活学習の内容

　平成29年改訂学習指導要領には小学校家庭科で扱う食生活学習の内容として「食事の役割」「調理の基礎」「栄養を考えた食事」の3つが示されている。これらは相互に関わっているため，学習場面で扱う際には関連付けて内容を精選する必要がある。それぞれの内容と指導方法は以下の通りである。

2．「食事の役割」の内容と効果的な指導方法

　毎日，何気なくとっている食事が，私たちの生活や健康を支える重要な要素であるということを理解する。特に栄養としての食べものの重要性とともに，私たちの心身の発達にとっても食事が大きな役割を果たしていることを理解する。その際に単に栄養学の視点からだけでなく，和食の食材の由来やその食べ方のマナー・特徴など社会科学的な視点からとらえることも重要である。

3．「調理の基礎」の内容と効果的な指導方法

　調理ができるということは食生活に広がりが生まれ，栄養の偏りを少なくする可能性をもつことに通じる。そのための基礎の学びとして小学校ではゆでる，いためるという2つの調理法を学ぶ。加熱操作の難易度からみるとゆでるはもっとも簡便な方法である。いためるは加熱操作としての難易度は高い調理法であるが，家庭で実践されやすく生活上で取り組みやすいため小学校家庭科の学習内容とされている。なお，題材のうち，みそ汁は家庭での実践を目指しているのに対して，米飯は鍋で炊飯することを習得するよりは，炊飯の仕組みを科学的に理解することやコメを通して日本の食文化を理解するためのものと考えてよい。また，だし汁でといたみそ，お湯でといたみそ

を飲み比べ，だしの働きを知る体験的な学習もよく実践されている。調理の手順を学ぶだけでなく，だしの有無の味を比べて体験し，感じて考えたことを自分の言葉で表現することで理解が深まる。さらに，皆で共有すれば自分の考えを相対化することにもなる。家庭科の学習を始める小学校5年生は，調理実習への興味・関心の高さを上手に利用し，体験を深めるようにしたい。

4.「栄養を考えた食事」の内容と効果的な指導方法

　バランスの良い栄養とは何かを理解し，食事として具体的に示すことができるようにする。五大栄養素を3つの働きについて学ぶことは食生活学習の要であり，この知識を習得し実生活で活用できるようにすることが食生活学習の目標と言ってもよい。ただし，栄養に関する知識は単に習得する学習では退屈になってしまうため，食べる，飲むなどの五感を使って体験し理解することを大切にしたい。例えば，1日に必要な野菜の量を千切りのキャベツで示し，その量の多さを見て理解させるなどは効果的である。

　小学校家庭科の食生活学習は学校給食における食育と密接な関係があり，栄養に関する知識や献立の作成など重なる部分も多い。そのため学校給食のメニューを使って栄養のバランスを理解するような学習や，献立作成について学び学校給食の新しいメニューを開発する等は，これまでにも多くの学校で実施されてきた。また栄養に関する知識については専門家である栄養教諭（栄養士）に解説してもらうなどメリハリのある授業も多く見られる。

　食生活の学習は小学校5年生から始まって，中学校，高等学校とその学びを繰り返しつないでいく。小学校家庭科ではその基礎となる学習であることから，具体的でシンプルな題材を選択するが，中学校・高等学校と成長するにつれて概念についてより詳しく学んでいくことから，小学校段階からわかりやすく科学的に説明することを心掛けたい。

参考文献

熊倉功夫・江原絢子（2015）『和食文化ブックレット1. ユネスコ無形文化遺産に登録された和食−和食とは何か』思文閣出版.

（河村美穂）

Q5　住生活の学習に関する内容と効果的な指導法について述べなさい

1．小学校家庭科で扱う住生活学習の内容

学習指導要領には「住まいの主な働きと季節の変化に合わせた住まい方」「住まいの整理・整頓」「住まいの清掃」が示されている。健康・快適・安全の視点から，住生活をよりよくしようと工夫する力を育むことが求められる。

2．「住まいの主な働きと季節の変化に合わせた住まい方」の内容と効果的な指導法

住まいの主な働きについて，小学校では自然や外敵から身を守るという根源的な機能を学ぶ。中学校では，家事や団らん，育児などの生活行為を取り上げ，心身の健康や安らぎ，子どもが育つ基盤として機能について学ぶ。

授業では，「なぜ住まいが必要なのか」を考えることから始める。四季の変化に合わせた住まい方として，暑さ・寒さ，通風・換気，採光，音を取り上げ，健康・快適などを視点として相互に関連づけて扱う。この学習は，中学校で扱う室内環境が家族の健康に及ぼす影響の学習につながる。

実生活での心地よい状態と不快な状態の経験から課題に気付いたり，通風などの実験を通して生活に活かせるようにする。自然を上手に利用するとともに，健康のために冷暖房機器を適切に効果的に安全に利用することについても触れる。また，昔と今の住まい方や生活を豊かにする季節の音に着目させ，生活文化に気付かせたい。住生活は，地球温暖化などの地球環境と密接に関連している。環境に負荷を与えない住生活の理解を深めるようにする。

3．「住まいの整理・整頓」の内容と効果的な指導法

気持ちよく生活するためには，整理・整頓が必要である。小学校では整理・整頓を快適の視点でとらえる。中学校では安全の視点でとらえ，家庭内での

事故の防ぎ方など家族の安全を考えた住空間の整え方を学ぶ。

　授業では，散らかっている部屋の写真から，整理・整頓の必要性を話し合う活動ができる。学習用具などを取り上げ，使う人や場所，目的や頻度などにより，整理・整頓を工夫することに気付かせたい。児童は，見た目を整えることに注目しがちである。そのため，使いやすさの視点を持たせることが重要である。整理・整頓後に実際に物を取り出すなど，何のために整理・整頓をするのか，使いやすさにつながる工夫を考えさせるように指導する。

4.「住まいの清掃」の内容と効果的な指導

　掃除は健康で快適で安全な室内環境を維持し，住まいの耐久性を保つために行う。ここでは，なぜ汚れるのか，何のために清掃するのか，状況に応じた清掃の仕方を理解し，適切にできるようになることを学ぶ。

　授業では，日常よく使う場所を取り上げ，体験をもとに清掃を見直す活動から始めるとよい。学校内の汚れ調べの活動を通して，汚れの種類や汚れ方に応じた清掃の仕方を考える学習ができる。その一方で，どうやって汚れを落とすか，清掃の仕方にのみに重きをおいた授業に陥りがちである。清掃は，一度行えば済むものではない。「使えば汚れ，次に気持ちよく使うために清掃する」，すなわち，「使う→汚れる→清掃する→使う→…」の繰り返しである。健康で快適な室内環境を維持するには，無理なく続けられる持続可能な清掃について考えることが必要である。それには，あらかじめ汚れを付きにくくする対策を講じるなど清掃しやすくする工夫や，汚れやごみを増やしていないか，室内環境の使い方そのものを見直すことが効果的である。学校生活で行う「掃除の時間」と関連づけて，教室や校内環境を健康で快適に整える活動など，自分ごととして当事者意識をもたせて住生活をよりよくする力を育成したい。

参考文献
小清水貴子（2018）「住生活の授業をつくる」伊藤葉子編著『新版 授業力UP　家庭科の授業』日本標準.

（小清水貴子）

Q6　消費生活・環境の学習に関する内容と効果的な指導法について述べなさい

1．小学校家庭科で扱う消費生活・環境に関する学習の内容

　学習指導要領において，「C消費生活・環境」の内容は，「物や金銭の使い方と買物」「環境に配慮した生活」の2項目で構成される。これらの学習は相互に密接に関連するとともに，「B衣食住の生活」にも深く関わるものである。

2．「物や金銭の使い方と買物」の内容と効果的な指導法

（1）買い物の仕組みと消費者の役割

　近年，消費生活を取り巻く環境は劇的に変化し，キャッシュレス化による売買や，電子マネーの普及など，日常生活上の変化も著しい。「Society5.0」で実現する社会においては，子どもがスマートフォンやインターネットで即時的な購買活動を行う機会が，さらに増えることが予想される。

　このような社会の変化を受けて，2017（平成29）年の学習指導要領の改訂では，小学校で「買い物の仕組みや消費者の役割」に関する内容が新設され，売買契約の基礎についても扱うようになった。小学校ではまず，お金や物が自分や家族の生活を支えていることに気付き，家族が働いて得た収入を大切に使う必要性について理解する。そのうえで，店頭での購入に加えて，プリペイドカードでの購入や，カタログでの通信販売等の様々な購買方法があることを学ぶ。授業を行う際には，身近な文房具の購入の仕方や，遠足時の小遣いの使い方など，生活場面を捉えた指導が効果的である。

　これらの学習を基盤として，中学校では，売買契約の仕組みや消費者被害，消費者の権利や責任について学習し，高等学校では，生活における経済（家計）の管理や計画，消費行動における意思決定等の学びを深めていく。

（2）身近な物の選び方，買い方の理解

　「物や金銭の使い方と買物」の学習では，目的に合った物の選び方や，情

報の収集や整理，計画的な買い物の仕方について学ぶ。また，一人一人の物の使い方や買い物の仕方が，環境への影響力を持つことを理解していく。

　指導の際には，「B衣食住の生活」の学習において実習材料の購入場面を設定するなど，体験的に学べる手立てが必要となる。調理実習に際して無駄のない材料の買い方を考えて購入したり，エネルギーを節約した快適な住まい方や着方を工夫するなど，実践的な思考を伴う活動が有効であろう。

3．「環境に配慮した生活」の内容と効果的な指導法

　「環境に配慮した生活」の学習は，身近な生活から，地域，国，世界，そして地球の環境を考えるという重要な役割を担っている。持続可能な社会の実現という視座より「生活の営みに係る見方・考え方」を働かせ，自分の生活と身近な環境との関わりや，環境に配慮した物の使い方，生活の仕方について学んでいく。

　指導においては，「物や金銭の使い方と買物」の学習と同様，衣食住の生活に関する内容と関連させた，実践的な学習が効果的である。例えば，食生活との関連を図り，材料，水，電気，ガスなどの資源を無駄にしない調理や片付けの方法を考えさせる活動なども有効であろう。また，衣生活や住生活に関する学習ともリンクさせ，調理実習の際にチラシで作ったゴミ入れを活用したり，被服実習時の余り布（はぎれ）から掃除用ウエスを準備したりして，"リデュース"や"リフォーム"の工夫を取り入れる視点も重視したい。

　これらの学びは，中学校での消費生活・環境の課題解決に向けた学習や，高等学校における持続可能な社会の構築を目指す学習の基盤となるものである。このような系統性を踏まえたうえで，小学校段階より，身近な消費生活に関わる意思決定が，社会や環境に与える影響を認識させ，グリーンコンシューマーとしての資質・能力を育んでいきたい。

参考文献
文部科学省（2018）『小学校学習指導要領（平成29年告示）解説家庭編』東洋館出版社.

（河﨑智恵）

第3節　家庭科の指導法

▌Q7　学習対象となる児童のプライバシーへの配慮をどうしたらよいのか述べなさい

1．家庭科の授業における児童のプライバシーへの配慮の必要性

　家庭科の授業における児童のプライバシーへの配慮とは，児童の私的な家庭生活に関して他人に知られたくないことを，教材，指導方法などにおいて配慮することである。授業内容が，児童の私的な家庭生活とつながる場面がある。その際に，児童が授業で示す事例の通りであるべきと捉え，それと異なる自分の生活に何らかのマイナスな考えを抱くことがないように留意する必要がある。例えば，家族構成，家族の職業に触れること，どんな住宅に住んでいるかなど，実に多様なことが想定できる。よって，教師が題材を選定し，作成する教材を吟味し，問いかける言葉を考え，その授業展開を工夫していくことが，児童のプライバシーへの配慮につながる。

2．児童のプライバシーへ配慮する観点

（1）他者に対して倫理的配慮ができる教師であること

　教師が，相手の立場になり物事を考えることができないと児童のプライバシーは守れない。教師は自分の言動が児童につらい気持ちを抱かせていないかという先見的な感覚が必要である。例えば，児童に1日の生活時間を書かせ，班で共有し検討させる授業を行ったとしよう。履修する児童の気持ちはどうであろうか。児童には友達に見せたくない生活行動があるかもしれない。友達の生活時間をその背景まで考慮せずに，批判する児童が存在するかもしれない。児童によっては各自の生活を尊重する受け止めができず，自信が持てなくなる場合もあるかもしれない。さらに，授業のまとめで，「家に帰ってお母さんに聞いてみよう」と締めくくったらどうであろうか。そこ

に，もしかしたら母親ではなく祖父との暮らしを共に頑張っている児童がいるかもしれないのである。特に生活に密着した家庭科においては，こうした倫理的配慮が必要であり，この感覚を磨く不断の努力を続けていきたい。

（2）児童の実態を把握することの必要性

教師は児童との信頼関係を構築すると共に，児童の家庭状況，保護者の願い，配慮事項などを把握することが重要である。また，次のような状況に置かれた児童は，辛い思いを抱えることがあることを想定しなければならない。例えば，施設から通学している，虐待を受けている可能性がある，事情があり親と共に生活していない，などの場合である。また，どの児童でも，他者に知られたくない状況を抱えている場合がある。よって，日々の児童の変化に気付くとともに児童の実態把握は不可欠である。

（3）題材・教材の選定，授業の活動の在り方

家庭科では常に生活に関わることをその題材として扱う。その場合に，全員で共通して考えることのできる典型的な家庭生活を教材として設定すると，児童の家庭生活に踏み込まずに考えさせることができる。例えば，住まいについて考える際に，サザエさんの家の見取り図や模擬家族をもとに考えるのか，自分の家の見取り図を描いてみようと迫るのかでは，プライバシーへの配慮が大きく違ってくる。その中でも，児童が教材を通して生活経験を語れる工夫や，時と場合と相手に応じて生活を語るか否かを，児童自身が選択できる配慮が必要である。

（4）児童同士の支持的・受容的風土の醸成

お互いの違いを認め，他者と違う自分の生活を語り合える，つまり多様性を認め合える児童同士の人間関係の構築が重要である。例えば，祖父と暮らす児童が，その日々の暮らしを堂々と語る受容的風土ができていれば，それはその場にいる児童たちの学びをより深めることにつながる。プライバシーを配慮しつつも，相手の立場になって物事を考えることができる児童を，家庭科の学びを通して育てたいものである。

（藤井志保）

Q8　家庭科での学びと家庭生活をどのように関連付ければよいのか述べなさい

1．家庭科での学びと家庭生活での学び

　家庭科では，生活を科学的で総合的な観点から系統的に学ぶため，生活の営みである人と環境（ヒト・モノ・コト）との関わりを深化させ，生活課題に関わって問題解決能力や意思決定能力などの普遍的な能力を身に付けることが可能となる。一方，家庭生活の中で経験的に身に付けた生活に関わる学びは，断片的であり，正確な情報のみでなく誤った情報も含んでいる場合がみられる。また，その学びは児童の各家庭だけにおいて有効であり，他の家庭では理解されにくいこともある。

　例えば，家庭で朝食を欠食している児童がいるとしよう。小学生の場合，他の家庭の様子は分かりにくい。よって，その児童の家族全員が朝食を食べない家庭であれば，欠食に問題意識を持つことなく，欠食に潜在する栄養と健康の問題などに気付かないまま成長する可能性がある。さらに，児童の生活を総合的にみると朝食の欠食要因として，就寝時間が遅いという生活時間の問題や，児童に家族と一緒に朝食をとりたくないという家族関係の問題が潜在しているかもしれない。このように小学生ではみえない家庭生活の意味や関係性を家庭科の科学的・客観的学びによって，児童が気付き，認識することができるであろう。

　また，日常生活の中で児童が間違った知識・技能を習得していれば，家庭科授業における科学的概念の提供によって，より正確な知識を習得できるようにすることが望ましい。家庭生活において断片的な知識・技能を身に付けている場合には，それらの間の関係性に気付けるような家庭科の学びが必要となる。さらに，家庭生活において児童だけでは当たり前と思い，気付かなかったことを，家庭科の授業を通して意識化し，生活的価値を多様化していける学びが望ましい。

2．家庭生活に関連づける家庭科の学び

　児童の家庭生活の延長上に家庭科の学びを位置付けることによって，生活に関する学びの理解が深まり，家庭科の学びが児童の生活に活用されやすくなるであろう。

　家庭科の授業において家庭生活との関連をみると，教師は授業前に児童の生活実態，興味・関心などを把握して，それを踏まえて授業づくりを行う。授業展開においては，児童が日常生活で思い込んでいること（例えば，間違った知識や信念等）を利用して，矛盾や驚きをもたらす授業構成は児童の内発的動機付けを喚起するであろう。当たり前と信じていることに対して家庭科授業の中で矛盾や対立する問題提起によって揺さぶりをかけることは，日常生活を意識化し，深化させるきっかけになる。さらに，児童が授業内容を自分の生活に絡めて編みなおすことができるような授業構成が必要である。例えば，家庭の仕事を家族の手伝いのためと位置付けた学びではなく，児童が自立する上で必要な自分の仕事として認識させることで，自らの仕事と捉え，家庭生活において家庭の仕事を主体的に取り組むと考えられる。

　家庭科と家庭との連携の観点からみると，学校から家庭への「家庭科だより」の配布は，授業に必要な準備物の連絡，保護者へ学習内容を周知し協力を得る機会となる。ただ，学校から家庭への一方的な働きかけに終始するだけでなく，例えば，家庭科で献立作成について学んだ際には，その内容を家庭の食事場面で話題にするなど，家庭科と家庭が児童の成長という同じ目標に向かって双方向で往還しながら相互補強していく連携の在り方が求められている。

参考文献

伊藤圭子（1997）「家庭科授業の"学び"の方法」田結庄順子他著『生活力を育てる家庭科授業』梓出版社.

（伊藤　優）

Q9　生活を営む上で必須の知識とは何か説明しなさい

1．生活の営みと知識

　生活の営みは，人が環境と対応することによって生命を維持し，よりよい生活を創造する活動といえる。人は日常生活において，次々と生じる多様な欲求を満たすため，環境の構成要素であるヒト・モノ・コトと絶えず関わり合いながら生きている。例えば，「食べたい」という欲求が生じた場合，食材を手や道具を用いて料理し，空腹を満たす。この一連の行動においては，食材というモノに関する知識，それを購入するのであれば消費者としての情報やルールなどの知識，廃棄に関する知識などが必要であろう。また，どのように手や道具を使えばよいのか，どのような方法・手順で調理すればよいかという知識，さらに長期的・短期的な食生活の営み方，食材の計画的でよりよい購入の仕方など多くの知識が必要となる。

　生活の営みの中には「食べる」「住まう」「着る」「共に生きる」などに関わる多種多様な事実としての知識が存在する。さらに事実としての知識間の関わりをみると，それらの間には関係性や共通の概念や価値，法則性などが見いだせる。ジョン・アンダーソン（John R. Anderson）によると知識は宣言型知識と手続き型知識に分けられ，これを生活の営みに適用すると，生活に係るヒト・モノ・コトに関する事実や概念，法則など言語化しやすい知識は宣言型知識と捉えられる。手続き型知識は，「やり方が分からない」という際の"やり方"のような行動に関わる知識であり，例えば調理操作や段取り，包丁の使い方などのような具体的操作だけでなく，食事の実態を分析し，計画を立てて，実行し評価する，さらには修得した知識を他の機会に応用するなどの行動を可能にする知識である。生活を営む際には，宣言型知識と手続き型知識のどちらの知識も必要となる。

2．生活問題を解決する知識

　日常生活で人が環境と関わる過程においては，様々な意思決定場面の連続であり，多様な生活問題が生じる。その際に既有の知識が断片的な，「点的知識」として保持されるだけでは，すぐに活用される知識となりにくい。「点的知識」と「点的知識」をつなげて，「面的知識」に拡げ，そして，生活問題の解決を目指して「立体的知識」に組織できる「手続き型知識」が必要となる。

　人は日々の生活の営みにおいて，既有の知識を用いながら，意思決定し，問題解決を繰り返し行う過程で，科学的知識など（宣言型知識）の新たな知識を習得している。そして，その知識を自分の生活とからめて編み直しながら，生活課題解決の計画・実行・評価を繰り返していく知識（手続き型知識）も習得している。

　現代の子どもは生活経験が乏しいといわれている。生活の中で環境との関わりが少ないと，生活に関わるヒト・モノ・コトを意識する機会が奪われ，分かったつもりで無意識に生活を営み，より深く探求しようと思わないかもしれない。さらに，生活問題解決の機会が少なくなれば，その過程で身に付けることができる知識を習得することが難しくなるであろう。その結果，いざ生活問題に直面した際には，解決の方法が分からず，あきらめるという対応を選択してしまうかもしれない。人にとって現時点での生活問題を解決する知識も必要であるが，将来を見据えてどうしたらよいかという知識も必要である。また，自分の欲求を実現することも大事であるが，自分以外のヒトやモノ・コトも大事にできるように，持続可能な社会を実現するための生活の営みにも活用できる宣言型知識や手続き型知識も必要である。

参考文献

伊藤圭子（1997）「家庭科授業の"学び"の方法」田結庄順子他著『生活力
　　　を育てる家庭科授業』梓出版社.

ジョン・R・アンダーソン著，富田達成他訳（1982）『認知心理学概論』誠
　　　信書房.　　　　　　　　　　　　　　　　　　　　　　　　（伊藤　優）

第4節　家庭科の評価法

Q 10　知識や技能を習得する学習における評価規準の作成と評価の留意点について述べなさい

1．家庭科における知識や技能とは

（1）生活上で生きて働く知識や技能

　学校で学んだ生活に関わる知識や技能を実際の生活で使うためには，生活の現実場面を想定して学習する必要がある。ただし，実際の生活は混とんとしていて様々な問題が雑多に存在している。そのため，まずは衣食住等の分野ごとに基礎的・基本的な知識・技能を習得する。

（2）小学生に身に付けてほしい知識や技能

　小学校段階では，基礎的・基本的な内容を扱い，着実に習得するように計画する。例えば，包丁を用いてむいたり切ったりする，ゆでる・いためる料理をする，針と糸を用いてボタン付けをするなど，生活を営む上で有用な技能の習得である。一方，栄養バランスの良い食事のとり方や，日常着の洗濯の方法など生活上で有用な知識もある。これらの知識や技能はある程度覚え，練習して習熟する必要があり，基礎的な知識を知っていることにより様々な場面で問題解決のための判断ができ，溢れる情報の真偽を判断できることになる。さらに，この基礎的・基本的な知識や技能と同じくらい大切なのが，習得した知識や技能を応用して使うということである。そのためには実際の生活場面で必要な知識技能を選んで使う方法を学ぶようにしたい。

2．知識や技能を習得する目的

（1）やってみて分かるということ

　生活で使う知識や技能は自分の実際の生活に合わせて習得することが必要になる。一度やってみて自分に必要な知識や技能を自分のやり方で身に付け

ていくことが望ましい。自分の家の文化や経験を基盤にするということである。家庭科の学習において家庭での実践活動を重視する理由はここにある。

（2）生活文化を学ぶということを理解する

生活に関わる知識や技能を習得するということは，生活の中で育まれた先人の知恵を学ぶということでもある。私たちは毎日の暮らしの中であたりまえと思っていることが実は歴史的に積み重ねられてきた必然であるということを理解する必要がある。そのためにも生活に関わる知識や技能を習得しながら生活を見つめ直す，という営みも大切にしたい内容である。

3．知識や技能を生活で活かすための評価

（1）自分の生活で使うために

家庭科で学ぶ基礎的・基本的な知識や技能はペーパーテストである程度評価できる。ただし，その知識や技能を自分の生活で使えるような形で習得しているかどうかを評価しなければならない。そこで生活での問題場面を想定して解決するようなパフォーマンス課題への取り組みを評価することが有効である。さらに家庭科の授業で製作した作品を自宅に持ち帰って使ってみることや，習得した知識や技能を使って実際に家事をやってみるなど，家庭での実践と関連付けた活動を通してその結果を評価することも必要とされる。

（2）振り返りを記述する

家庭科では児童自らやったこと，身に付けたことを振り返り記述することが重要である。児童が書いた授業の記録は児童の個人内評価のツールとして変化が分かりやすく有効である。ただし「感想を書きなさい」という指示だけでは十分ではない。「今日やったことを書きなさい」「今日の授業で分かったことを書きなさい」「今日の授業で分からなかったことを書きなさい」など観点を示し，授業のたびに繰り返し行う必要がある。

参考文献

河村美穂（2019）「家庭科の学びを再考する・視点1. 視点2」日本家庭科
　　教育学会編『未来の生活をつくる』明治図書出版.

（河村美穂）

Q 11 生活上の問題を解決する学習における評価規準の作成と評価の留意点について述べなさい

1．家庭科における問題を解決する学習とは

小学校家庭科の目標の1つとして「日常生活の中から問題を見いだして課題を設定し，様々な解決方法を考え，実践を評価・改善し，考えたことを表現するなど，課題を解決する力を養う」ことが掲げられているように，問題を解決する学習（以下，問題解決学習）は家庭科において非常に重視されている。生活をよりよくすることを目指す家庭科の学習はそのすべてが生活上の問題を解決することの一環と捉えることもできるだろう。

生活上の問題を解決することには3つの側面があるといわれている。第一に「技術的」側面があり，これは衣食住などの生活を合理的に営むために技術を直接に駆使して解決する部分である。第二は「コミュニケーション的」な側面であり，他者と交渉しながら合意を得るといった相互作用的な解決を図るものである。そして第三は「解放的」な側面で，批判的思考により旧来的で偏った価値観から解放されることで解消されるべき部分である。実際の個人・家族・地域社会でなされる問題解決は様々な側面が絡み合ったものであることが多いが，家庭科における問題解決学習で取り上げる問題も抽象的なものではなく具体的でリアリティのあるものでなければならない。

2．問題を解決する学習のプロセス

家庭科で対象とする問題は思考だけでなく行動によっても解決が図られることが想定される。学習指導要領では課題解決の「学習過程」として「生活の課題発見」「解決方法の検討と計画」「課題解決に向けた実践活動」「実践活動の評価・改善」「家庭・地域での実践」のサイクルが例示されている。

問題を見いだしてから結果を得るまでの学習プロセスは長期にわたることもあるため，形成的評価をどのように行うのかが重要である。

3．問題を解決する学習の評価方法と留意点

　指導と評価の一体化とはしばしばいわれることだが，問題解決学習においても，目標を踏まえた評価規準の設定は重要である。目標の設定について，エリオット・アイスナー（Elliot W. Eisner）は行動目標のほかに問題解決目標が重要であると説いている。すなわち，あらかじめ教師が設定した行動を引き出すことだけでなく，問題を解決するまでの試行錯誤の時間を経て児童に形成される高次の能力を見据える必要があるというのである。

　例えば「生活を豊かにするための布を用いた製作」として，使用する人の要望に合致したバッグを製作するとしよう。具体的な行動目標を示して基礎縫いの到達度をチェックしたりミシンの使い方についての客観テストを実施したりすることは，技能の習得を確認する意味でも大切なことである。しかしこういった「技術的」な側面にとどまることなく，問題解決の「コミュニケーション的」「解放的」な側面を踏まえた評価規準の設定が求められる。すなわち，先に述べた学習プロセスの段階に応じて，バッグを使用する人の要求を製作計画に反映させることができたかということや，目的に応じた縫い方を選択できたかということ，あるいは私たちの衣生活を批判的にとらえ持続可能な社会を展望することができたかといった規準を設定して協働的，創造的そして批判的な思考や行動を評価することが，問題を解決する過程で様々な高次の能力を獲得することにつながるといえる。

　問題解決学習の評価にはオープン・エンドな方法，すなわち正答が限定されないような評価方法が有効である。児童が多様な知識・技能をどのように活用しているのかをオープンに記述・表現させ，それらをポートフォリオのような形式で蓄積することで教師は授業改善の資料を得ることができ，また児童はより深く学習を振り返ることができるだろう。

参考文献

中間美砂子編著（2006）『家庭科への参加型アクション志向学習の導入−22の実践を通して』大修館書店.

（瀬川　朗）

Q 12　体験的な学習における評価規準の作成と評価の留意点について述べなさい

1．家庭科における体験的な学習とは

　『小学校学習指導要領（平成29年告示）解説家庭編』は，「衣食住などに関する実践的・体験的な活動」の具体として「調理，製作等の実習や観察，調査，実験」を挙げ，「実感を伴って理解する学習」と説明している。ここでは「体験的な学習」と呼ぶことにしよう。体験的な学習は児童が最も楽しみにしている活動の1つで，意欲を持って取り組むことが期待できる反面，様々な落とし穴がある。例えば，実習では料理や製作物の完成に注力するあまり途中経過が見過ごされてしまうことや，実験において現象の理解が先行して生活との結びつきが曖昧になることもあるだろう。また，「調べ学習」も発表会の成功が目的化して児童がどのような能力を身に付けたのかということが二の次になってはいないだろうか。いずれも，体験的な学習の目標と評価方法を適切に設定することで，改善することが可能である。

2．体験的な学習とパフォーマンス評価

　体験的な学習の評価に有用な考え方の1つに「パフォーマンス評価」がある。ここでは，グラント・ウィギンズ（Grant Wiggins）とジェイ・マクタイ（Jay McTighe）によるパフォーマンス評価の考え方を紹介したい。

　パフォーマンス評価は，多様な知識や技能を総動員して現実的な文脈のもとで実演（パフォーマンス）するような課題（以下，パフォーマンス課題）を構成し，それを評価基準表（ルーブリック）によって採点するという方法である。実演には調査発表のような長期的なプロジェクトから，ワークシートの自由記述まで，客観テスト以外の様々な活動が該当する。もちろん調理実習や被服製作実習もパフォーマンスの一種とみなすことができる。

　パフォーマンス評価において重要なのは，それが「理解」を確かめるため

の方法であるということである。ここでの「理解」は帰納的な推論によって得られる一般的な命題のことである。例えば，「野菜は加熱することでかさが減る」などがそれにあたる。また，その背後には「野菜を多く食べるにはどのように調理すればよいだろうか」のような「問い」がある。ここでの「問い」は根拠を挙げて他者に説明したくなるものであり，他教科等の学習を含む様々な状況に転移するもので，かつ私たちの生活で生起しうるような疑問のことである。いくつかの「問い」と「理解」から出発して，「理解」を確かめるにはどのようなパフォーマンス課題を設定するべきだろうかということを考えるのがパフォーマンス評価による授業デザインの手順である。

　上記の例のように，「野菜は加熱することでかさが減る」という理解を確かめる場合には野菜料理の調理実習のように現実的な文脈のなかで応用させるパフォーマンス課題が有効だろうが，それ以外にも証拠を挙げて他者に説明したり，実験データを解釈したりする課題も考えられる。パフォーマンスを設定するにあたっては課題を現実の生活における文脈に位置付けることが重要であり，例えばどのような人に向けた料理なのか，調理のための時間や費用はどのような条件を満たすべきなのかなど，具体的な目的や状況を設定することが求められる。また，設定した課題はなるべく早くから児童に示し，方向性を明らかにして学習を進めることが効果的である。

　「問い」と「理解」から課題を設定したうえで，最後に採点のためのルーブリックを作成する。ルーブリックは達成レベル（◎，○，△などいくつかの段階を設ける）とレベルごとの判断基準を示した評価基準表である。児童の納得が得られるようなルーブリックを設定するために，複数の教師がパフォーマンス課題として提出された作品などを並べて比較することや，授業における児童の意見を踏まえて表現を修正することなどが必要である。

参考文献

グラント・ウィギンズ他（西岡加名恵訳）（2012）『理解をもたらすカリキュラム設計－「逆向き設計」の理論と方法』日本標準.

（瀬川　朗）

第5節　家庭科に固有な「見方・考え方」

Q 13　家庭科で大切にしたい「生活の営みに係る見方・考え方」について述べなさい

1．生活の営みに係る見方・考え方とは

　生活の営みに係る見方・考え方とは，家族や家庭，衣食住，消費や環境などに係る生活事象を，協力・協働，健康・快適・安全，生活文化の継承・創造，持続可能な社会の構築等の視点で捉え，よりよい生活を営むために工夫することである。「A家族・家庭生活」，「B衣食住の生活」，「C消費生活・環境」の3つの内容は，これらの視点の働かせ方は異なるものの，各視点が関連しあっている（図4-13-1参照）。

　「協力・協働」について，小学校では家族や地域の人々との協力，中学校では地域の人々との協働に重きをおく。「健康・快適・安全」では，これらの見方・考え方を働かせて，生活を振り返り，主に衣食住の生活に係る課題を解決する力を育成する。「生活文化の継承・創造」については，小学校では生活文化の大切さに気付くこと，中学校では生活文化の継承，高等学校では生活文化の継承・創造に重きをおく。「持続可能な社会の構築」では，主に消費生活や環境に配慮した生活に向けて課題を解決する力を育成する。

　授業では，第5学年の最初のガイダンスで，これからどのような家庭生活を送りたいかを考え，家庭科の見方・考え方があることに気付かせ，よりよい家庭生活の実現に向けてできるようになりたいことを話し合うとよい。

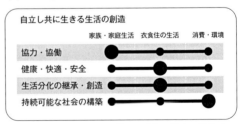

図4-13-1　生活の営みに係る見方・考え方

（出典:中教審「家庭，技術・家庭ワーキンググループにおける審議の取りまとめ」2016年8月20日）

２．生活の営みに係る見方・考え方を働かせた学習指導の工夫

　生活の営みに係る見方・考え方を働かせた学習指導について，「住まいの清掃」の実践（神尾秀美先生：静岡県島田市立第三小学校）をみてみよう。

表4-13-1　生活の営みに係る見方・考え方を働かせた授業実践例（筆者作成）

	授業実践 X	授業実践 Y
テーマ	家庭生活を快適にしよう	学校生活を快適にしよう
ねらい	汚れを落とす方法の追究を通して，住まいの清掃の仕方を理解して，適切にできる。	清掃方法や教室の使い方の追究を通して，住まいの清掃や使い方の仕方を理解し，適切にできる。
題材計画	①掃除の意義 ②我が家の汚れ調べ ③清掃の知識・技能を習得 ④家庭で実践	①掃除の意義 ②学校の汚れと使い方調べ ③清掃の知識・技術を習得 ④学校で実践，下級生に伝達
学習の動機づけ	・家庭生活をよりよくしたい ・家族の一員としての責任感や使命感	・学校生活をよりよくしたい ・学校の一員で，最上級生としての責任感や使命感
見方・考え方	健康	健康，快適，協力

　授業実践Xは，住まいの清掃の方法を理解して適切にできることをねらいとし，家族の一員として「健康」の見方・考え方を働かせることを意図している。一方，授業実践Yは，住まいの清掃や使い方の仕方を理解して適切にできることをねらいとし，学校の一員として，「健康」と「快適」の見方・考え方を働かせることを意図している。さらに，最上級生として，学んだことを下級生に伝え，みんなで学校生活をよりよくすることを呼びかけている。児童にとって，学校は地域コミュニティの1つである。授業実践Yでは，「A家族・家庭生活」と関連させ，「協力」の視点を働かせることも意図している。

　どのような見方・考え方を働かせるかで，日常生活の中に見いだす問題や課題解決は異なってくる。児童が，生活の営みに係る見方・考え方を働かせて，課題解決に向けて工夫できるように指導したい。

（小清水貴子）

Q 14　知識や技能を習得する学習に関する学習指導計画の作成方法と配慮事項について述べなさい

1．生活に関わる知識や技能を習得する学習の種類

（1）生活に関わる基礎的・基本的な知識や技能

　小学校の家庭科が男女で学ぶ教科と位置付けられた1956年当時は，生活に関わる技術を学ぶことが主たる目的とされた。とくに1958年以降に告示された学習指導要領による中学校・高等学校の女子向きの家庭科では基礎から応用へと知識や技能を体系的に教授されることが行われてきた。小学校の家庭科はその体系の基礎部分を学ぶという位置付けであった。しかし，現代の生活では家庭科が扱う知識や技能がなくとも日常生活においては困らない。では，なぜ生活に関わる知識や技能について学ぶのかと言えば，その後の生活における様々な問題を解決する際の選択肢を広げるという点にある。さらに技能に関して言えば，生活の中でできることが増えると自尊感情や生活への意欲が高まる。このように毎日の暮らしに満足することが積み重なって，幸せな生活を実感することにつながる。

（2）生活上で知識や技能を応用するための学習

　私たちの日常生活には様々な事柄が雑多にある。食事を用意することを考えてみよう。経済的に考えて食材を調達したり，安全な食品を選択したり，さらに家族の体調や予定をよく理解して献立を立て，調理時間を考えて料理する必要がある。料理そのものがうまくできるだけではない総合的な力を必要とするのである。児童にはこのような総合的な問題解決を図れるような人に育ってほしい。ただし，最初から総合的に考え取り組むのは難しいため，家庭科の生活に関わる学習はまず衣食住などの分野ごとに行う。分野ごとの個別の問題に取り組むことによって基礎的・基本的な知識と技能を効率よく

習得できるからである。

　問題解決に有用な知識と技能の学びには2つあると考えてよい。1つはすべての基礎・基本となる知識や技能を確実に習得するものである。包丁を使って皮むきができるように練習する，栄養の知識を覚える，糸と針を使った縫物ができるように玉止め・玉結び・波縫いを練習するなどである。このうち，技能の習得の際には道具の使い方や保管の方法などマナーに近いことも学習する。

　もう1つは生活上の問題を設定し，その解決に必要な知識や技能を児童が自らの生活に合わせて選択し習得するという方法である。生活に関わる知識や技能は児童の生活で生きて働くことができてこそ意味を持つからである。

2．知識や技能を習得する学習の指導計画

　知識や技能の習得は，時に退屈で忍耐を必要とする。しかし，その知識や技能を習得する意味やそれを生活の中で使う場面を児童が理解できれば，意欲的に取り組むことにつながる。またゲームの要素を入れ込むなど学習方法を工夫することも有用である。とくに技能の定着のためには繰り返すことが大切である。例えば，小学校5年生ではじめて糸と針を使う際に，毎回の授業開始時に制限時間内に作った玉結びの数を競うコンテスト等がある。

　さらに，知識や技能の習得状況は確認テストや技能テストなどその上達の度合いを児童自身が確認できるようなステップを入れるとよいだろう。一方，知識の習得には，児童の実態からみて要不要を判断し，学習内容を精選することが求められる。

　以上のような基礎的・基本的な知識や技能について学習したら，生活上の問題を解決するために，そのプロセスを経験するような取り組みを行う。生活の中でよく見られる問題を提示し，その解決のためにどのような知識や技能を使うのかについて段階を踏んで選択しやってみる学習を計画する。

参考文献

　文部省（1956）『小学校学習指導要領：家庭科編』．

（河村美穂）

Q 15　家族・家庭生活の学習を例に，生活上の問題を解決する学習に関する学習指導計画の作成方法と配慮事項について述べなさい

1.「生活上の問題を解決する学習」の意義

　学習指導要領において，家庭科では「生活の営みに係る見方・考え方を働かせ，衣食住などに関する実践的・体験的な活動を通して，生活をよりよくしようと工夫する資質・能力」を育成することが目指されている。この目標の実現には，家庭科で学んだ知識や視点をもとに生活を捉え直し，問題に気付き解決する学習，すなわち生活上の問題を解決する学習が不可欠となる。

2.「生活上の問題を解決する学習」の指導計画

（1）生活の営みの問い直し

　家族を取り巻く課題は急速に変化，多様化しており，既知の技術や考え方では対応が難しい新たな課題に直面している。そのため，特定のテーマに対して取り組むという学習の枠を超えて，何が問題であるかを感知し，主体的に問題を捉えていくプロセスが，ますます重要となる。

　米国の家庭科では，マジョリー・ブラウン（Marjorie Brown）により，批判的リテラシーの必要性が指摘され，「実践的生活問題」に基づくカリキュラムが開発されている。そして，授業の中では「人々のウェルビーイングに影響を与えていることは何か」「あなたが思い込んでいたり当然だと思っていることは何か」等の問いを通して，生活上の問題を見つけ，探究する取り組みがなされている。

　このような授業では，批判的な思考を促す教師の働きかけや，教師から児童，児童同士あるいは児童自身の「問い」が要となる。学習指導計画を作成する際には，実践的な問いを中核にすえて，家庭科で学んだ「見方・考え方」を働かせ，生活の営みを問い直すプロセスを重視したい。また，自己および他者との深い対話から生まれる新たな「問い」にも注視しながら，性やジェ

ンダー，価値観の多様性等に関わる現代的課題への気付きを促していきたい。

（2）生活の工夫・改善

　生活の営みを問い直し，問題を明らかにできたら，次はその問題に対して生活を工夫・改善していく必要がある。その際には，「A家族・家庭生活」のみに目を向けるのではなく，「B衣食住の生活」や「C消費生活・環境」の学習での実践的活動を通して，知識や技術を生活改善につなぐ指導が求められる。

　例えば，福井大学教育地域科学部附属小学校の授業実践では，問題解決のステップ（A問題に気付く，B情報収集し，現状を把握する，C情報の多角的検討，D解くべき課題の設定，E解決方法や案を考える，F解決案の多角的検討，G計画の決定と実行，H結果の発表と振り返り/省察）を踏むことにより，身近な生活課題を発見し，学校の環境改善を実現している。具体的には，児童が学校環境の問題を見つけ出し，その問題に対してアイデアを出し合い，大人の協力を得ながら，図書コーナーの畳スペースの設置等を行っている。住生活に焦点を当てつつも，家族・家庭生活の学習内容と関連させ，児童同士だけでなく異なる世代の人々との交流を通して，学校生活の改善へとつないでいる点は，特筆すべきである。

　問題解決学習は高次の思考を伴うものであるが，このように問題解決のステップをたどることで，児童独自の視座より課題を発見し，解決案を探究，計画して，生活改善につなげられる可能性を強調しておきたい。

参考文献

浅野尚美（2009）「こんな場所があったらいいな－学校大改造」荒井紀子・鈴木真由子・綿引伴子編『新しい問題解決学習 Plan Do See から批判的リテラシーの学びへ』教育図書.

荒井紀子（2009）「批判的判的リテラシーを育む学びをどうつくるか」，荒井紀子・鈴木真由子・綿引伴子編『新しい問題解決学習 Plan Do See から批判的リテラシーの学びへ』教育図書.

文部科学省（2018）『小学校学習指導要領（平成29年告示）解説家庭編』東洋館出版社.

（河﨑智恵）

Q 16　調理実習・製作実習を例に，体験的な学習に関する学習指導計画の作成方法と配慮事項について述べなさい

1. 調理実習の目的と方法

（1）初めて調理を学ぶ小学生に必要な学習

　家庭科を初めて学ぶ小学校5年生にとって調理実習はわくわくすることである。学校という空間で食べ物を扱うという非日常的な学習が楽しみとなる。ただし，調理実習の目標は多様に設定できるため，各時間で何を目標とするのかを明確にする必要がある。目標は大きく3つ考えられる。1つ目は技能・知識の習得である。野菜をゆでて温野菜サラダが作れるようになること，みそ汁が作れるようになること，など手順を理解してできるようになることである。2つ目は，調理が科学的な営みであることを理解することである。例えば，ご飯を鍋で炊くという炊飯の実習はその過程を観察しながら行うことによって，食品の科学的変化を体験的に理解できるようになる。3つ目は，日本人が受け継いできた食の文化を理解することである。炊飯やみそ汁は調理して試食し，合わせて家庭のご飯やみそ汁についても振り返ることになる。食という毎日の営みについて調理を通して考えることである。

（2）調理を学ぶグループ学習

　調理実習では1つの調理台に4～5人ずつの班をつくり，グループ単位で調理することが多い。ペア調理や一人調理の場合もコンロを共用したり材料のとりわけをしたりなど共同する場面が多くある。さらに調理実習中に他者の調理する様子を見て学ぶという場合にはほとんど同じ調理台を使用している友達のことを見ている。そのことが友達と自分を比較し，自分を振り返る貴重な学びになる。

2. 製作実習の目的と方法

　調理実習に比べ布を扱い縫う作業は児童に好まれない。その要因として，

手先の器用不器用が作品の出来栄えに直結することや，学校で行う縫う実習の時間程度では技能の上達が見込めないということなど，到達を実感できないことが考えられる。さらに，1〜2時間のうちに料理が完成し試食もできる調理実習とは対照的に，作品が完成するまでの道のりが遠く，でき上った作品をイメージするようなゴールが見えにくいことも布で作る実習を困難にしている。言い換えれば，布を使った小物を製作する授業は「ゴールを目指しプロセスを大切にする学び」なのである。

　そのため，児童が記録する進度表を工夫して，児童が自身の作業の進捗状況を確認できるようにするとよい。具体的には，作品を完成させるまでに行うべき作業の種類と時間が分かり，児童自身が今どの段階にいるのか分かるように記録をとるのである。この際に，完成した作品の見本や前年度の作品（写真）があると，児童は製作の工程やゴールに対してイメージを持ちやすく，意欲を喚起されやすい。

3．体験的な学びのプロセスを組み込む学習指導計画

　調理実習も縫う作業の実習もそのプロセスでは，体験を個々の児童にとって意味あるものにすることが必要となる。やってみて分かるということ，つまり，誰でもない自分の体験を通して分かったことを記憶することを学習の中に組み込み，プロセスを丁寧に行う必要がある。具体的には，調理実習で作業中に感じたことや，友だちと比べて自分の実力を確認したことなど振り返って考えたことを記録するように計画する。一方の布を用いて縫う実習では毎時間の作業の記録やその時に考えたことを記録するように計画し丁寧に振り返ることを大切にする。いずれも体験した直後に感じて書く記録と，時間を経て振り返った考えと両方の記録が有効であるので，ワークシートを工夫して記録をとるようにするとよい。

参考文献

河村美穂（2013）『家庭科における調理技能の教育』勁草書房.

（河村美穂）

Q 17　消費生活・環境の学習を例に，持続可能な社会の実現を目指す学習に関する学習指導計画の作成方法と配慮事項について述べなさい

1.「持続可能な社会の実現を目指す学習」の意義

　環境教育の母，家政学の母と称される，エレン・リチャーズ（Ellen H. Richards）は，19世紀後半から20世紀初頭に環境改善の重要性を指摘し，コントロールできる人間の育成のための環境科学（Euthenics）をスタートさせた。家庭科教育において「持続可能な社会を目指す学習」は，その学問的背景を踏まえると，中核的な学習内容と捉えることができる。

　2015年9月の国連サミットにおいて採択された「持続可能な開発のための2030アジェンダ」では，2016年から2030年までの国際目標としてSDGs（Sustainable Development Goals：持続可能な開発目標）が示された。2017年には，国連総会においてSDGsのグローバル指標の枠組みが承認され，国際的な取り組みが推進されている。そこで，SDGsの目標を，家庭科の視点から捉えてみると，特に関わりの深い目標として，以下の3つが挙げられる。

・目標3　「すべての人に健康と福祉を」あらゆる年齢のすべての人々の健康的な生活を確保し，福祉を促進する
・目標5　「ジェンダー平等を実現しよう」ジェンダー平等を達成し，すべての女性及び女児の能力強化を行う
・目標12　「つくる責任つかう責任」持続可能な生産消費形態を確保する
外務省「SDG グローバル指標（SDG Indicators）」

　特に，学習指導要領における「A家族・家庭生活」は目標5に，「B衣食住の生活」は目標3に，「C消費生活・環境」は目標12に関連が認められる。このように家庭科は教科としてSDGsに深く関わっており，持続可能な社会の実現に向けて重要な役割を担っているといえる。そこで，ここでは「消費生活・環境」の学習を例に，目標12「つくる責任つかう責任」という視座から，持続可能な社会の実現を目指す学習について考えてみたい。

２．「持続可能な社会の実現を目指す学習」の指導計画

（１）SDGsの観点から生活を捉える

家庭科の学習は，例えば布を用いた製作や調理など，衣食住に関わる多様な「つくる」プロセスに関わっており，「つくる責任つかう責任」という視座を包含している。指導計画を立てる際には，SDGsの観点から生活を捉え直し，「環境に配慮した生活について物の使い方などを考え，工夫する」ことのできる資質・能力の育成に努めなければならない。

例えば，衣生活の学習に関しては，製作実習を中心とした「つくる」プロセスだけでなく，手入れや管理などの「つかう」プロセスにも着目し，"リサイクル"や"リユース"に関する学習も重視したい。

（２）「持続可能な社会の創り手」を育む

持続可能な社会の構築のためには，現在の生活だけでなく，将来の「つくる責任つかう責任」についても考えていく必要がある。そのため，未来の生活にも視野を広げ，仕事や生き方，その生き方が環境にどのような影響を与えるかといったことを考える学習活動も，積極的に取り入れたい。例えば，食生活に関わり，レストラン経営者として環境に負荷をかけない経営をどのようにすべきかについて，シミュレーションする活動なども有効であろう。その際，有給の仕事だけを取り上げるのではなく，ボランティア活動等（「子ども食堂」の運営など）に目を向けることも大切である。

これらの学習を計画していくためには，時に，教科の枠を超えた学校全体でのカリキュラム・マネジメントや指導計画づくりも必要となるであろう。「つくる責任」や「つかう責任」という視座から，他教科や総合的な学習の時間，キャリア教育等とも関連づけた，横断的な学習開発が期待される。

参考文献・URL

エレン・H・リチャーズ（住田和子・住田良仁訳）（2005）『ユーセニクス－制御可能な環境の科学』スペクトラム出版社.

外務省 https://www.mofa.go.jp/mofaj/gaiko/oda/sdgs/statistics/index.html　2020年3月7日閲覧.

（河﨑智恵）

第7節　家庭科の教材研究の視点

Q 18　家庭科の教材研究をする際に大切な視点について述べなさい

1．家庭科における教材研究の意義

　家庭科は生活を学習対象とするため，教材となりうる素材は，私たちの周りにあふれている。その中で，何を教材として選出し，それをどのように使って授業するのかは，教師の継続的な探求心が鍵となる。また，家庭科では，時間軸・空間軸という視点から学習内容を組み立てる。学校という場だけにとどまらず，家庭，地域，社会へと空間を広げ，実際に教師自身も試し，行動し，本物に出会い，現在だけでなく，子どもが大人になる社会を見通した未来志向的な教材研究も必要であろう。

2．家庭科における教材研究の視点

（1）教育内容を反映した教材の視点

　授業目標に照らして，教育内容と適合する教材を選出することが必要である。それは，身に付けてほしい科学的概念を系統的に習得できる典型的な教材であり，教育内容と教材の間にズレが生じないことなどが求められる。このような教材を用いることにより，これまでの学びが今後にどのようにつながっているのかを見通した系統学習が可能となるであろう。小学校5年生から始まる家庭科では，6年生でそれをもとに発展的になり，さらに中学校・高等学校での学びを意識した教材研究が不可欠である。

（2）子どもの実態を踏まえた教材の視点

　子どもの生活における興味関心，生活を営む上での疑問，問題意識，さらには，地域や社会で話題になっていることは何であろうか。そのような子どもの実態を踏まえ，生活素材から教材を見出す視点も必要である。このよう

な視点による教材は，例えば，子どもの興味関心を活用した教材，子どもの抱く問題意識をさらに深い学びに導く教材，子どもが気付かなかった意外性のある教材など，子どもの実態に即しているため，学習意欲を喚起しやすい。また，子どもの置かれた状況や子どもの住む地域社会と密接にかかわっているので，子どもの認識を揺さぶる教材となりやすい。

（3）家庭科の教材研究に必要な視点

　教育内容の反映を主眼に教材研究をするだけでは，子どもの興味関心や生活実態から乖離する場合もあるであろう。一方，子どもの実態を主眼に教材研究を進めるだけでは，内容に偏りが生じ，各領域を体系的に繋げた学びが保障されにくいことが危惧される。よって，この両視点を併せ持つことによって，系統的な教育内容と子どもの実態とを総合的に判断して教材研究をすることが不可欠である。このことにより，子どもの学びは発達段階に応じて，基礎基本を習得しながら，身近な生活の問題と重なって理解が深まり，応用・発展させることができるであろう。そのため教師は，子どもにどのような資質・能力を育みたいのかを明確にし，その学びが実践的・体験的な学びにつながる教材かを見極めることが必要である。さらに教師による教材の深い理解，すなわち科学的認識，人間の歴史的変遷，生活文化と暮らしとの関わりなどを深く解釈することで，教材研究の質を高めることができる。家庭科の教材研究は，生活が自分以外の他者，家族そして地域社会とつながっているという視点も不可欠である。そして，高度情報化，少子高齢化，環境問題など現代の課題に目を向けることである。そして，SDGsの「誰も取り残さない」というスローガンのように，社会で困難を抱えた人への倫理的な配慮を根底に，他者との共生の視点が必要である。さらに，持続可能な社会というテーマに迫るため，一番生活に密着した教科として，他教科との関連を意識し，学校教育で家庭科が果たす役割を明確にしていく教材研究も必要である。

参考文献

伊藤圭子（1990）「家庭科の授業設計」岩垂芳男・福田公子編『教職科学講座24家政教育学』福村出版.

（藤井志保）

Q 19　家庭科を指導するための教師としての資質や能力は何かについて述べなさい

1．家庭科を指導するために必要な資質・能力を考える

　かつて，家庭科を指導するためには教師自身が結婚していることや出産・子育ての経験があることが必要なのか否かが論争された時代があったことからも分かるように，家庭科は他の教科に比べて指導するための資質として教師が模範的生活を営んでいるのか，あるいは豊富な家庭生活経験があるのかという点ばかりがクローズアップされてきた。しかし，性役割に対する考え方や理想とされる教師像の変化により，家庭科を指導する教師に家庭生活に関する経験の有無を問うという奇異な風潮は一変した。現在では児童の生活の実情を踏まえて授業をデザインする実践的指導力や同僚や地域との連携・協働のための能力などが重視される傾向にある。

　とはいえ，使命感や指導力，協調性といった近年強調される資質や能力はあらゆる校種・教科の教師に共通して必要なことで，とりたてて家庭科という教科の性質や置かれた状況が反映されたものではない。ここでは家庭科の特性を踏まえて，求められる資質や能力として「家庭科の教科観（教科イメージ）を明確にもつこと」「家庭科の学習内容の本質を探る姿勢をもつこと」「自分自身の生活に目を向けること」の3つを挙げたい。

2．教科観をもつ

（1）教科観を確立することの大切さ

　第一に掲げた資質・能力は「家庭科の教科観（教科イメージ）を明確にもつこと」である。家庭科は小学校では第5・6学年のみの教科であるため，ベテラン教師であっても比較的短い期間しか指導した経験がないということ

があり得る。したがって，若手・中堅・ベテランを問わず，家庭科ではどのようなことを目指すのか，どのような内容を重視するのか，あるいはどのような能力を養う教科だと捉えているのか，その信念，価値観，イメージ（ここでは教科観と呼ぶ）を確立しようとすることが求められる。

　教師にとって家庭科観をもつということは，単に取り扱う内容の見通しをもち順序立てて題材をデザインすることに役立つだけでなく，家庭科を学ぶ意義が直接・間接に児童や保護者に伝わり，学級全体が能動的に学習に取り組む姿勢をもつことにつながるという波及的効果も考えられる。5年生で初めて家庭科を学ぶ児童は家庭科の学習を楽しみにしていることも多いが，不安を感じていることや"主要教科"でないという理由で消極的な感情を抱いていることもある。児童から「どうして家庭科を勉強するの？」「家庭科は学校でなく家でやればいいよね？」などと問われたときに，どのように返答するべきかを常々考えておきたいものである。

（2）教科観の様々な方向性

　ひとくちに家庭科について教師が抱く教科観といっても時代や地域によって様々なものがあるだろうが，これまでの家庭科教師研究においては以下のような方向性があるとされている。

　まず，料理や裁縫などの日常生活に関わる技能を習得すること，そしてその背景にある原理・原則の科学的理解を重視する方向性が考えられる。加えて，知識や技能を踏まえて生活をよりよくしようとする態度や，家庭科だけでなく他教科等で学んだことも含めて生活に応用すること，生活文化を創造することを重視する立場もある。一方，消費者として適切に行動したり，男女平等の考えをもったり，あるいは地域・社会の一員として暮らす私たちの多様性に対してインクルーシブであろうとする態度を養うといった，社会における「共生」を重んじるような教科観もあるだろう。あるいは，日常生活における規律や礼儀を身に付け，自らを律することができる児童を育てることを志向する教師も多い。さらには家族という共同体の大切さや，家事労働に参加することのように現在の家族・家庭生活と結び付けることに重きを置くという方向性もあり得るだろう。小学校の教師は，中等教育における家庭

科教師に比べ，日常生活における規律や礼儀を身に付けることや家事労働に参加する態度を養うことを上位の目標として捉えていることが多く，科学的知識などはそれほど重視されていないようである。いずれにせよそれぞれの価値観の適否を即断するのではなく，様々な方向性が家庭科の教科観としてあるということを踏まえて複眼的に教科の在り方を展望することが大切なのではないだろうか。

3．学習内容の本質を探る

（1）本質を探る手がかり①－個人・家族・地域社会・環境－

家庭科には，様々な領域の内容・項目を組み合わせて題材を構成することができる自由度の高さがあることも特性のひとつであるが，領域相互の関連が捉えにくいために，内容の羅列になってしまう危険性をはらんでいるともいえる。それを避けるためには学習内容をなぜ指導するのかということを問い直す，すなわち内容の本質を教師が探究することが求められる。

そのためにはまず，教科の系統性を認識することは欠かせない。生活上の問題には個人・家族など身近な場から地域社会への空間的広がり，現在から将来への時間的広がりがあることを踏まえて，児童が学んだ内容がいつどのような場面で活用されるのかを想定しておくことが必要である。

（2）本質を探る手がかり②－学問・社会・学習者－

家庭科の学習内容をなぜ指導するのかということを問うときに，それぞれの内容には科学・学問，社会，そして学習者の視点からみてどのような必然性があるのかを検討する必要があるだろう。

例えば，目的に応じた袋物を製作する計画を立て，実習を行うのはなぜだろうか。「学問」の視点からは，被服構成学では衣服や布製品は人体や入れるものの形に合わせるということが重要な意味を持ち，そのエッセンスを抽出したものであると説明することができる。また「社会」の視点からは，持続可能なファッションの実現に向けた行動を促すという意義がある。さらに「学習者」という視点からは，個性を主張することを望み，また手作りのよさを味わうことができるという児童の発達段階を踏まえた題材だと意味付け

ることができる。内容を「なぞる」ことになりがちな教科だからこそ，学問・社会・学習者の3つの視点からなぜその内容を扱うのかということを自問自答し本質の探究ができることが，教師に必要な資質・能力であるといえる。

4. 自分自身の生活に目を向ける

　冒頭では教師自身の生活経験を家庭科教師としての資質・能力と関連付ける考え方について批判的に述べたが，家庭科が家庭生活を主題とする教科である以上，教師の生活と家庭科で指導する内容に関連があることは必然である。日常生活で経験したことや感じたことが授業内容に反映されることもあるだろうし，教師であることが生活に影響を与えることもあるだろう。

　教師にとって家庭科の授業を担当することの利点の1つは，授業準備や教材研究がすべて自分自身の生活にも生かすことができることである。家庭科の指導のために教材研究をすることは，家族関係について省みることや家庭生活における健康・安全についての問題点を改めること，あるいは消費者として求められる知識を高めることなどにつながる。反対に，教師であることを意識せずに食事をしたり衣服を選んだり，美術館などで文化に触れたり，あるいは地域社会に参画したりといったことが家庭科を指導する糧となるかもしれない。中学校・高等学校の家庭科教師については，授業における指導内容と自身の個人的生活経験に一定の関係がみられることが指摘されているが，小学校で家庭科を指導する教師についても同様のことがいえるのではないだろうか。しかしこのことは，日頃から持続可能性に乏しい行動や多様性を尊重しない態度をとっていれば，それが無意識のうちに授業内容に現れてしまうことと表裏一体であるのもまた事実である。

参考文献

小清水貴子（2012）「教師のライフコースと家庭科の学習指導観との関連」『静岡大学教育学部研究報告教科教育学篇』（43），pp.191-201.

柴静子（2011）「家庭科教師にはどのような能力が必要だろうか」多々納道子・福田公子編『教育実践力をつける家庭科教育法（第3版）』

　　大学教育出版.

室雅子（2015）「家庭科教員の力量形成の課題」大学家庭科教育研究会編
　　『市民社会をひらく家庭科』ドメス出版.

（瀬川　朗）

第5章

体育科

Q1　体育科における教科の目的・目標について述べなさい

1．体育科における教科の目的

　我が国における体育科の目的概念は，時代のニーズに応じて，戦前の「身体の教育」から，スポーツ中心の「運動による教育」へ，近年では「運動の教育」または「スポーツの中の教育」へと変遷してきた。つまり，運動やスポーツをすることによって身に付けることのできる体力，運動能力，人間形成，社会性などの外在的価値を対象とした概念から，運動の内在的価値へと変遷してきたと言える。運動の内在的価値は，客観的な側面（技術，戦術，規範，知識＝構造的特性）と主観的な側面（意味のある経験，楽しさの経験＝機能的特性）から構成され，スポーツの文化的価値が社会に認められるようになったことが前提となる。近年では生涯にわたる運動やスポーツとの関わりを重視する立場から，体育科の目的は，「生涯にわたって継続的に運動に参加する人間を形成すること」としてとらえられている。

　2017（平成29）年に改訂された学習指導要領では，「育成を目指す資質・能力の明確化」が図られた。「育成を目指す資質・能力」は，「何を理解しているか，何ができるか」，「理解していること・できることをどう使うか」，「どのように社会・世界と関わりよりよい人生を送るか」の3つの柱に整理され，体育科の目標もそれに沿って示された。

2．体育科における教科の目標

　学習指導要領における体育科の目標は，小学校教育の中で体育科が担うべき役割を示し，学習指導を方向付けるものであると同時に，学校の教育活動全体を通じて行うこととされている「体育・健康に関する指導」の方向を示

すものでもある。体育の目標－内容の領域には様々な解釈があるが，運動やスポーツの個人的・集団的な運動技術（戦術・戦略を含む）を学ぶ「運動技術の学習」，運動学習で必要とされるフェアプレーやマナーなどの社会的規範や，人と関わる社会的・人間関係スキルなどを学ぶ「社会的行動の学習」，スポーツのルールや戦術等に関する知識などを学ぶ「認識的・反省的学習」，運動やスポーツに関する興味・関心・意欲・肯定的な価値観などに関する「情意的学習」の４つの領域がある。目標と内容は密接に関係しており，目標に合わせた教科内容が設定され，一方で教科内容に即して目標や目標の階層性が明確にされることもある。目標と内容の一貫性は，体育科で保障すべき体育的学力の定着を図るために重要である。

　2017（平成29）年改訂の学習指導要領において体育の目標は，「体育や保健の見方・考え方を働かせ，課題を見付け，その解決に向けた学習過程を通して，心と体を一体として捉え，生涯にわたって心身の健康を保持増進し豊かなスポーツライフを実現するための資質・能力を次のとおり育成することを目指す」とされた。その上で，身に付けるべき資質能力の３本の柱を，各種の運動の特性に応じた行い方及び身近な生活における健康・安全についての理解と，基本的な動きや技能を身に付けるようにする「知識及び技能」，運動や健康についての自己の課題を見付け，その解決に向けて思考し判断するとともに，他者に伝える力を養う「思考力，判断力，表現力等」，運動に親しむとともに健康の保持増進と体力の向上を目指し，楽しく明るい生活を営む態度を養う「学びに向かう力，人間性等」と具体的に示し，これらの３つの柱を相互に密接に関連させて育成することが大切であることが示された。

参考文献

文部科学省（2018）『小学校学習指導要領（平成29年告示）解説体育編』東洋館出版社.

高橋健夫・岡出美則・友添秀則・岩田靖編著（2010）『新版・体育科教育学入門』大修館書店，pp.10-17，pp.30-37，pp.75-81.

（宮崎明世）

Q2　学習指導要領に示される目標の歴史的変遷について述べなさい

1. 体力向上重視の目標

　1947（昭和22）年の学校体育指導要綱に始まる我が国の学習指導要領における体育科の目標は，Q1で示した体育の概念の転換にともなって変遷を遂げてきた。1951（昭和26）年の第1次改訂で体育は「健康の保持増進を助ける教科」として，4つの領域の1つとされた。1953（昭和28）年第2次改訂では，体育科の一般目標を「身体的・知的・情緒的・社会的側面」から捉え，(1) 身体の正常な発達を助け，活動力を高める，(2) 身体活動を通して民主的生活態度を育てる，(3) 各種の身体活動をレクリエーションとして正しく活用することができるようにする，としている。

　1958（昭和33）年の学習指導要領では道徳的価値観の教育が強調されることになったが，体育科では基礎的な運動能力や運動技能の向上を目指す技能的目標が強調された。高度経済成長が進んだ1968（昭和43）年の学習指導要領では，知識の系統性が一層重視される中，学校教育全体を通じて体力の向上が目指された。体育の目標は，基礎的な運動能力や心身の健全の発達などの身体的目標が重点目標とされ，合わせて運動の仕方や技能を身に付けるなどの技能的目標，公正な態度や協力・責任といった社会的目標が示された。

2. 生涯スポーツを見据えた目標

　1970年代には社会の変化によってスポーツが文化として認知されるようになり，「生涯スポーツ」の概念が広がっていった。それに伴って体育の目標も，運動やスポーツそれ自体の価値に関わるものへと変化していった。それまでの学習指導要領が知識詰込み主義的であると批判され，「ゆとりと充実の学校生活」が求められるようになったことも生涯スポーツの概念の認知に大きく影響したと言える。1977（昭和52）年の学習指導要領では，「適切

な運動の経験を通して運動に親しませる」,「楽しく明るい生活を営む態度を育てる」などと示され,運動への愛好的態度を育むことに重点が置かれた。運動・スポーツを生涯にわたって明るく豊かな生活に役立てるという「生涯スポーツ」の考え方は,この後も踏襲されている。

　1989（平成元）年の学習指導要領では,前指導要領の内容を踏襲しながらも個性重視の原則や国際化への対応といった時代の流れが反映された。体育科では生涯スポーツに関わる技能や態度の育成を実現するための技能的目標,体力的目標,社会的目標の具体的目標が鮮明に位置付けられた。1998（平成10）年の学習指導要領からは,「心と体を一体としてとらえる」ことが目標として挙げられ,運動による心と体への効果,特に心の健康が運動と密接に関連していることなどを理解することの大切さが示された。この目標に関連して,学習内容として「体ほぐしの運動」が取り上げられ,その後も内容の検討を繰り返しながら継続して示されている。

　2008年（平成20）年の学習指導要領では,「心と体を一体としてとらえる」ことは継続しながら,教科内容を技能,態度,思考・判断の観点から具体的に示したことが特徴で,目標と内容の一貫性がより鮮明にされた。

　このような変遷をたどってきた体育科の目標だが,2017（平成29）年の改訂では,体育の授業で育むべき資質能力の３つの柱を具体的に示し,その内容,方法の改善についても示された。

参考文献

牛尾直行（2002）「学習指導要領」樋口直宏・林尚示・牛尾直行編著『実践
　　　に活かす教育課程論・教育方法論』学事出版,pp.28-34.

文部科学省（2018）『小学校学習指導要領（平成29年告示）解説体育編』
　　　東洋館出版社.

高橋健夫・岡出美則・友添秀則・岩田靖編著（2010）『新版 体育科教育学入
　　　門』大修館書店,pp.10-17,pp.30-37,pp.75-81.

『楽しい体育の授業』編集部（2017）『平成29年版学習指導要領改訂のポ
　　　イント　小学校・中学校　体育・保健体育』明治図書出版.

（宮崎明世）

第2節　体育科の内容構成

Q3　体育科の内容について述べなさい

　体育科の内容は，運動領域と保健領域から構成されている。表5-3-1に平成29年改訂学習指導要領体育科の内容構成を示した。運動領域が大半を占め，保健領域は第3学年及び第4学年，第5学年及び第6学年の内容の一部として取り上げられている。

表5-3-1　体育科の内容構成

学年	1・2	3・4	5・6
領域	体つくりの運動遊び	体つくり運動	
	器機・器具を使っての運動遊び	器機運動	
	走・跳の運動遊び	走・跳の運動	陸上運動
	水遊び	水泳運動	
	ゲーム		ボール運動
	表現リズム遊び	表現運動	
	――	保健	

(筆者作成)

1．運動領域

　運動領域では，発達段階に応じた指導内容の明確化・体系化が図られている。小学校は，基本的な技能を身に付け，運動を豊かに実践していくための基礎を培う段階である。この発達段階を考慮し，低学年では「～遊び」，中学年以降は「～運動」へと系統的に学習できるよう構成されている。また小学校の6年間だけでなく，低学年の「～遊び」では幼稚園から小学校の接続を，中学年以降に示される「～運動」では中学校への接続を意図して構成されている。

　小学校6年間での内容の構成は，低学年・中学年・高学年の3段階で示されている。これは，2年間の中で運動の取り上げ方や年間計画に弾力性をもたせる

ためである。学校の実態に応じて弾力的に取り扱うことが可能であることから，段階的に指導するために各学年で取り上げることも，内容の一層の定着を図るために単元時間を多く配当し1学年のみで取り上げることもできる。

　また，平成29・30年改訂学習指導要領では，小学校，中学校，高等学校の12年間を見通した指導内容が4年ごとのまとまりで示された。小学校第1学年から第4学年の最初の4年間は「各種の運動の基礎を培う時期」，小学校第5学年から中学校第2学年の中盤の4年間は「多くの領域の学習を経験する時期」，中学校第3学年から高等学校第3学年の最後の4年間は「卒業後も運動やスポーツに多様な形で関わることができるようにする時期」としている。また，運動やスポーツとの多様な関わり方ができるようにする観点から，運動やスポーツについての興味や関心を高め，技能の指導に偏ることなく，「する，みる，支える」に「知る」を加え，具体的な体験を伴う学習など学習過程の工夫や充実を図ることが大切である。

　幼稚園からの接続，中学校への接続に加え，この発達段階を踏まえた4年ごとのまとまり，そして低学年・中学年・高学年の各2年間での弾力的な内容配置を踏まえ，見通しを持った系統的な指導（計画）が大切となる。

2．保健領域

　前述したように，保健領域は，第3学年及び第4学年，第5学年及び第6学年の内容の一部として取り上げられている。小学校は，健康な生活を送る資質や能力の基礎を培う段階である。保健領域は，身近な生活における健康・安全に関する基礎的な内容が重視され，「健康な生活」，「体の発育・発達」，「心の健康」，「けがの防止」及び「病気の予防」の5つの内容で構成されている。

参考文献

文部科学省（2018）『小学校学習指導要領（平成29年告示）解説体育編』東洋館出版社.

（松本祐介）

Q4　運動領域の内容構成について述べなさい

1．体つくり運動系領域

　体つくり運動の領域は，低学年を「体つくりの運動遊び」，中学年・高学年を「体つくり運動」から構成しており，その内容は，「体ほぐしの運動」と「動きをつくる，動きを高める運動」である。

（1）体ほぐしの運動

　「体ほぐしの運動（遊び）」は全学年において指導される内容である。誰もが楽しめる手軽な運動（遊び）を通して運動好きになることを目指している。心と体の関係への気付き，仲間と関わる楽しさを体験し，仲間のよさを認め合うことができるような教材が求められる。

（2）動きをつくる，高める運動

　低学年は「多様な動きをつくる運動遊び」，中学年は「多様な動きをつくる運動」，高学年は「体の動きを高める運動」で構成される。

　「多様な動きをつくる運動（遊び）」では，将来の体力の向上につなげていくためにも，この時期に，他領域において扱われにくい体の様々な動きを取り上げ，様々な運動へと発展していく体の基本的な動きを培っておくことが重要となる。

　「体の動きを高める運動」では，低学年・中学年において育まれた体の基本的な動きをさらに高め，体力の向上を目指すものである。また，高学年では内容や進め方を理解するとともに，運動の行い方を身に付け，授業以外でも取り組むことができるように指導していくことも重要となる。

2．器械運動系領域

　低学年は「器械・器具を使っての運動遊び」，中学年・高学年は「器械運動」で構成される。低学年の「器械・器具を使っての運動遊び」は，「固定施設を使った運動遊び」，「マットを使った運動遊び」，「鉄棒を使った運動遊び」及び

「跳び箱を使った運動遊び」で内容が構成される。中学年・高学年の「器械運動」は，「マット運動」，「鉄棒運動」及び「跳び箱運動」で内容が構成される。

　低学年では遊びを通して感覚的な基礎も含め，基本的な動きを身に付けていき，中学年・高学年において技を中心として技能の習得に結び付けていく。

　器械運動は，自己の能力に合わせた技や発展技に挑戦することで技を身に付けたときに楽しさや喜びを味わうことのできる運動である。一方で，「できる」「できない」がはっきりしている運動でもあるため，場の工夫や課題の与え方等の配慮が求められる。

3．陸上運動系領域

　低学年は「走・跳の運動遊び」，中学年は「走・跳の運動」，高学年は「陸上運動」で構成される。

　低学年の「走・跳の運動遊び」は，「走の運動遊び」，「跳の運動遊び」で内容が構成される。中学年以降は，「かけっこ（短距離）・リレー」，「（小型）ハードル走」，「（走り）幅跳び」及び「（走り）高跳び」で内容が構成される。

　低学年では，遊びを通して走ったり跳んだりすること自体の面白さや心地よさを感じさせる中で，基本的な動きを身に付けさせていく。中学年以降は，その動きをより巧みに操作しながら，自己の記録への挑戦や仲間との競争を楽しんでいく。

　また，投能力の低下傾向に鑑み，内容の取り扱いにおいて「投の運動（遊び）」を加えて指導してよいことが示されている。

4．水泳運動系領域

　低学年は「水遊び」，中学年・高学年は「水泳運動」で構成される。

　低学年の「水遊び」は，「水の中を移動する運動遊び」及び「もぐる・浮く運動遊び」で内容が構成されている。中学年の「水泳運動」は，「浮いて進む運動」及び「もぐる・浮く運動」で，高学年は「クロール」，「平泳ぎ」及び「安全確保につながる運動」で内容が構成される。

　低学年では，遊びを通して水中を動き回ったり，もぐったり，浮いたりす

る心地よさを楽しみながら，水に対する恐怖感を取り除き，水に慣れ親しむことが第一に大切である。遊びの中で，息を吐く・止める，もぐる・浮くなどの技能面を学習させていく。

中学年では，高学年での泳法の基礎となる呼吸の仕方，姿勢及び手足の動き等を身に付けていく。

高学年では，「クロール」や「平泳ぎ」といった泳法により，長く泳ぐための技能を身に付けていく。また，背浮きなどに代表される安定した呼吸の獲得や着衣泳を取り入れるなどして「安全確保につながる運動」の指導にも留意する必要がある。

5．ボール運動系

低学年・中学年は「ゲーム」，高学年は「ボール運動」で構成される。

「ゲーム」は，低学年を「ボールゲーム」及び「鬼遊び」で，中学年は「ゴール型ゲーム」，「ネット型ゲーム」及び「ベースボール型ゲーム」で内容が構成されている。高学年の「ボール運動」は「ゴール型」，「ネット型」及び「ベースボール型」で内容が構成される。

低学年の「ボールゲーム」では，攻めと守りのある易しいゲーム等を通して楽しみながら，基本的なボール操作技能やボールを持たない時の動きを身に付けていく。「鬼遊び」では，逃げる・追いかける・陣地を取り合う鬼遊びを楽しみながら，人とぶつからないように身をかわしたり，空いている場所を見付けて逃げたりする動きを通して，中学年以降でのボールを持たないときの動きの基礎を学習していく。

中学年以降の「〜型（ゲーム）」では，易しいゲームや簡易化されたゲームを通して攻防の楽しさを味わわせる中で，それぞれの「型」に応じたボール操作やボールをもたないときの動きを学習しやすくするために，児童の発達段階を踏まえて，プレイヤーの人数，コート条件，ゲームのルール，技能の緩和及び運動用具の変更など，ゲームの修正や工夫が必要となる。

また，作戦（話し合い）や役割（連携）等，仲間と協力して競争したり達成する中で喜びを共有させていくことも大切である。

６．表現運動系

　低学年は「表現リズム遊び」，中学年・高学年は「表現運動」で構成される。

　低学年の「表現リズム遊び」は，「表現遊び」及び「リズム遊び」で内容が構成されている。中学年の「表現運動」は，「表現」及び「リズムダンス」で，高学年は「表現」及び「フォークダンス」で内容が構成される。

　低学年では，動物やいろいろなモノになりきって全身を使って動いてみたり，軽快なリズムに乗って踊ったりしながら，身体表現やリズムに乗って踊ること自体を楽しませる。

　中学年では，題材の特徴を捉えて表現することやメリハリのあるひと流れの動きにして表現することなどが重視される。また，友達と関わり合いながら踊ることも大切にされる。

　高学年では，「はじめ－なか－おわり」の構成を工夫した簡単なひとまとまりの動きの表現への発展を意識させる。また，「フォークダンス」の学習を通して，地域や世界の文化に触れさせることも大切である。

７．集団行動

　体育授業における運動領域の学習では，学級単位あるいは小集団で行われることが多い。そこでの活動を円滑に行うためには，児童が学級単位あるいは小集団で，秩序正しく，能率的に行動するために必要な基本的なものを身に付けておくことが大切である。

参考文献

宮内孝（2018）「小学校体育の運動領域と年間計画」岩田靖・吉野聡・日野
　　　克博・近藤智靖編著『初等体育授業づくり入門』大修館書店，
　　　pp.24-33.

文部科学省（2018）『小学校学習指導要領（平成29年告示）解説体育編』
　　　東洋館出版社.

（松本祐介）

Q5　保健領域の内容構成について述べなさい

　保健領域では，それぞれの内容に関する課題を見付け，それらの解決を目指して基礎的な知識（及び技能）を習得したり，解決の方法を考え，判断するとともに，それを表現したりできるようにすることがねらいとなっている。

1．健康な生活

　健康の状態と主体の要因や周囲の環境の要因の関係，1日の生活の仕方，生活環境を整えることの重要性などを中心として構成される。

　児童が自ら主体的に健康によい生活を送るための基礎として，健康の大切さを認識できるようにするとともに，毎日の生活に関心を持つようにし，健康によい生活を続けるために必要な内容が学習される。また，自己の生活を見直すことを通して，生活の仕方や生活環境を整えることについて実践する意欲をもたせることも重要となる。

2．体の発育・発達

　年齢に伴う体の変化及び個人差，思春期の体の変化，男女の特徴の発現などについての理解を深めていく。また，異性への関心が芽生えることや大人の体に近づく現象にも触れる。体をよりよく発育・発達させるための生活に向けた課題解決として，適切な運動，食事，休養及び睡眠の重要性を認識させることが大切となる。

3．心の健康

　感情，社会性，思考力など，様々なはたらきの総体として捉えることのできる心が，様々な生活経験を通して年齢に伴って発達すること，心と体は深く影響し合っていることについて理解できるようにする。その上で，誰もが経験する不安や悩みについて，いろいろな対処方法があることを理解し，自

分の悩みや不安の経験から，自己に合った方法による適切な対処を模索させていくような指導が望まれる。また，運動領域における体つくり運動の体ほぐしの運動と相互の関連を図って指導することが内容の取り扱いにおいて示されている。

4．けがの防止

けがが発生する原因や防止の方法について理解を深めることが求められる。

交通事故や身の回りの生活の危険が原因となって起こるけがなどを取り上げ，けがの起こり方とその防止，さらには，症状の悪化を防ぐためにけがの手当を速やかに行う必要があること（傷口を清潔にする，圧迫して出血を止める，患部を冷やす，などの簡単なけがの手当の技能を含む）などを中心として構成される。

自分の学校の中で起こりうるけがの種類やけがの発生する可能性のある場所，その時の発生状況，そのけがに対する手当の方法や最善の対処，未然に防ぐための防止策を考えるといった児童とって身近に感じられるような指導が求められる。

5．病気の予防

病気の発生原因や予防の方法，喫煙，飲酒，薬物乱用が健康に与える影響などについての理解を深めることが求められる。

病気の予防に関しては，日常経験している「かぜ」「インフルエンザ」「虫歯」といった馴染みの深い病気を取り上げ，体の抵抗力を高めることや健康に良い生活習慣を身に付けることの必要性について理解を促す工夫が必要である。また，喫煙，飲酒，薬物乱用に関しては，グラフデータや写真などの視覚的教材を用いて心身の健康への深刻な影響を示すことが望ましい。

参考文献

文部科学省（2018）『小学校学習指導要領（平成29年告示）解説体育編』東洋館出版社.

（松本祐介）

Q6　よい体育授業の条件について述べなさい

1．よい体育授業の条件

　「よい体育授業」とは，「目標が達成され，学習成果が十分に上がっている授業」と述べられる。目標によって「よい体育授業像」が異なって描かれることに留意しなければならないが，いかなる目標であってもその目標に向けた効果的な学習が行われなければならないだろう。1990年代以降，子どもによる授業評価を用いて多くの体育授業分析が行われた結果，子どもの評価する体育授業の共通する特徴が見いだされた。その特徴とは，よい体育授業には「学習の勢い」と「学習の雰囲気」が整っていることが挙げられる。これらの2つの特徴は「授業の基礎的条件」と示され，教授−学習活動が円滑に進められるための基礎として授業成果に大きく影響するものであると指摘される。よい体育授業を実現するための条件は，この「授業の基礎的条件」に加えて，「授業の内容的条件」の2つの条件に整理され，図5-6-1に示すような二重構造で成り立つとされる。よい授業は，これら2つの条件が整ったところで実現されるものであるため，いずれかを整えるだけではよい体育授業の実現には不十分であると言える。

2．よい体育授業の基礎的条件（周辺的条件）

　授業の基礎的条件は，すべての授業に常に求められる条件であると言える。この基礎的条件は，授業の「周辺的条件」とも言い換えられ，授業の目標，内容や方法等の違いに関係なく求められる，よい体育授業実現のための土台となるものである。体育授業は，体育館や運動場といった教室とは違う条件で授業を行われることが多いため，この「基礎的条件」を整えることが重要であると言える。

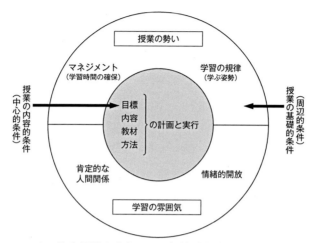

図5-6-1　よい体育授業を成立させる条件（高橋，2010，p.49より引用）

（1）「学習の勢い」を生み出す学習従事時間の確保と学習規律の確立

　子どもたちが評価する授業に共通していることは，学習従事時間が十分に確保されているということである。体育授業の授業場面は，①インストラクション（教師の説明・指示・演示）場面，②マネジメント（準備・片付け・移動・待機）場面，③運動学習場面，④認知的学習場面の4つに区分される。学習従事時間とは，これら授業場面のうち，運動学習場面と認知的学習場面に当てられる時間を指し，子どもたちはこの時間が多い授業を高く評価する。具体的には，①「運動学習場面」の配当時間量が多いこと，②教師の「インストラクション場面」や「マネジメント」場面の配当時間量が少ないこと，③子ども1人当たりの「成功裡な学習従事」の割合が高いこと，④「課題から離れた行動（off task）」をとる子どもの数が少ないこと，並びに，⑤子どもが学習課題に取り組む上で「大きな困難や大きな失敗」を経験する割合が少ないことが挙げられる。

　また，よい体育授業の多くは，スムーズな授業が展開され，教師のマネジメントに関わった説明や指示，相互作用が極めて少ないと言える。こうした授業を実現するためには，単元始めの段階において教師と子どもたちの間に，マネジメントに関わる約束事が交わされる必要がある。子どもたちはそ

の具体的な約束事に沿って行動しているのである。教師には，授業の約束事と行動規律を学習内容として位置付け，単元を通した一貫した指導が求められる。授業の勢いを生み出すための指導方略は，明るい学習の雰囲気を生み出すためにも重要である。

（2）仲間との肯定的な人間関係と情緒的開放がみられる学習の雰囲気

子どもたちが評価する体育授業のもう1つの特徴として，学習集団における協力的で肯定的な人間関係（子ども同士の教え合い，助言，励まし，補助，協同的作業など）が見られ，授業の様々な場面で子どもたちの情緒的開放（笑顔，歓声，拍手，喜びの表現や円陣など）が頻繁に生じていることが挙げられる。こうした「学習の雰囲気」があるよい授業の実現のためには，子どもの自主的・自発的学習を促す指導方略や教師の指導行動等を十分に検討する必要がある。

3．よい体育授業の内容的条件（中心的条件）

授業の内容的条件は，基礎的条件の土台の上に成り立つものであり，授業の「中心的条件」とも言い換えられる。どのような授業の目標や内容が設定され，どのような教材や教具が選択され，さらには，どのような学習過程や学習形態，指導方略がとられたのか，目標，内容，教材，及び，方法の計画と実行の適否がこれにあたる。

（1）明確な学習目標と学習内容の設定

よい体育授業の実現のための内容的条件の1つは，明確な授業の目標が設定されていることが挙げられる。また，この目標は具体的でかつ，子どもたちの能力レベルにふさわしいものでなければならない。加えて，その目標を達成するための学習内容が抽出され，学習内容につながる学習課題が設定されていることが求められる。よい体育授業を実現するためには，教師が授業計画段階において，こうした目標，内容，そして課題を明確にした上で，子どもたち自身にも単元のゴール（目標），学習課題を把握させる必要がある。

（2）教材・教具の工夫と多様な指導スタイルの適用

子どもたちが学習課題を明確に理解した上で学習活動に従事するにあたっ

ては，面白さを感じることのできる優れた教材が準備されていることが極めて重要である。素材としての運動種目をそのまま提供するのではなく，学習内容を習得するための手段として「学習内容の習得をめぐる教授＝学習活動の直接的な対象」となる「教材」を準備し，その教材の有効性を高めるための「教具」を工夫する必要がある。

　また，子どもたちの学習課題の把握やその解決のための活動の促し方には，多様な指導スタイルが存在する。授業の目標や教材，子どもの実態に応じて，様々な学習形態や多彩な指導スタイルを選択・適用することが求められる。

3．明確な教師の指導性

　授業の学習成果には，教師の指導行動が強く影響する。体育授業中の教師行動は，組織的観察法を用いて分析され，その結果，子どもが評価する体育授業での教師行動の特徴が次のように示されている。①教師自身によって示されるマネジメント行動（管理的行動）が少ない，②インストラクション（説明，演示，指示等の直接的指導）の時間量が少ない，③相互作用につながる積極的なモニタリング（観察行動）がみられる，④発問−応答，フィードバック（賞賛，助言），励まし，補助などの相互作用が多い，⑤個々の子どもの運動学習に対するフィードバックが多い，ことである。

参考文献

岩田靖（2010）「体育の教材・教具論」髙橋健夫・岡出美則・友添秀則・岩田靖編著『新版体育科教育学入門』大修館書店，pp.54-60.

髙橋健夫（2000）「子どもが評価する体育授業過程の特徴」，『体育学研究』45（2），pp.147-162.

髙橋健夫（2010）「よい体育授業の条件」髙橋健夫・岡出美則・友添秀則・岩田靖編著『新版体育科教育学入門』大修館書店，pp.48-53.

吉野聡（2018）「よい体育授業の条件『基礎的条件』と『内容的条件』」岩田靖・吉野聡・日野克博・近藤智靖編著『初等体育授業づくり入門』大修館書店，pp.81-82.

（宮尾夏姫）

Q7　体育授業における学習集団について述べなさい

1．体育授業における学習形態と学習集団

　体育授業における学習集団は，その集団を構成する子どものもつ特徴により区別される。また，学習形態との関連の中でその特徴を捉えることが必要である。学習形態のうち，授業場面での組織的側面に着目すれば，一斉学習，班別学習，グループ学習などが挙げられる。これらの学習形態と学習集団との関連についてその特徴を述べる。

　一斉学習においては，学級を1つの集団として捉えることができ，その集団は，様々な特徴をもつ子どもが属することから，「異質集団」となる。班別学習では，「等質集団」もしくは「異質集団」が目的や種目の特性に応じて組織される。他方，グループ学習は，学級の子どもがいくつかの集団を組織し学習に取り組む際に，各集団に属する子どもが自分たちの学習を計画・立案し，学習を進めていくため，「異質集団」であることが基本となる。

　体育授業における学習集団は，教科の目標や内容と集団の機能性との関連で捉える必要があると共に，それぞれの学習形態の長所と短所を理解した上で，それぞれを適切に選択する必要があると言える。また，学習形態についても，唯一絶対的なものはなく，学習者の発達段階や領域の特性，単元の段階等の学習内容に対応した選択が求められる（藤田，2018，p.50）。

2．異質集団の特徴

　異質集団とは，運動技能や知識，性別や体格などを基準として，グループ内に質の異なる子どもが混在するように組織された集団とされる。体育授業では特に，運動技能の習熟レベルを基準として，その習熟度の異なる子どもを混在させる小集団を指す場合が一般的である。

　一斉学習は，共通した学習内容について，一斉に活動に取り組んで学ぶため，学習者を比較して観察することができる。班別学習は，運動技能を基準

とした集団を組織した場合，技能差の解消には一定の効果があると言える。しかし，子ども相互の教え合い等を強く求めないことが多いため，集団内における技能差のある子ども間の関係性に留意する必要がある。他方，グループ学習では，子ども相互の社会的関係が重視され，子ども同士の教え合い活動や学び合い活動が頻繁に起こることで協同して学習を進めることができる。グループ学習においては，教師の指導が適切であるか否かによって学習成果に大きな影響を及ぼすため，単元の始めの段階において個人やグループの課題設定，学習を適切に進めるための指導が求められる。

3．等質集団の特徴

　等質集団とは，グループ内に似た特性をもつ子どもによって構成された等質の集団のことを指す。異質集団と同様に，体育授業では，運動技能の習熟レベルを基準とする場合が多い。この等質集団は，1つの集団内における等質性を指すが，集団と集団の間の等質といった場合もあるため，「集団内等質」なのか「集団間等質」なのかを明確にしておくことが求められる。

参考文献

藤田育郎（2018）「第3節単元展開の具体化」岩田靖・吉野聡・日野克博・近藤智靖編著『初等体育授業づくり入門』大修館書店，pp.45-55.

大友智（2010）「体育の学習形態論」高橋健夫・岡出美則・友添秀則・岩田靖編著『新版体育科教育学入門』大修館書店，pp.66-74.

立木正（1995）「等質集団」宇土正彦監修『学校体育授業事典』大修館書店，p.47.

友添秀則（1997）「学習集団をめぐる論議過程」竹田清彦・髙橋健夫・岡出美則編著『体育科教育学の探求』大修館書店，pp.284-300.

友添秀則（2002）「体育科の学習形態論」髙橋健夫・岡出美則・友添秀則・岩田靖編著『体育科教育学入門』大修館書店，pp.89-97.

（宮尾夏姫）

Q8　発育発達段階に応じた指導の在り方について述べなさい

1. 発育発達段階の特徴

　心身ともに成長の著しい時期である小学校から高等学校における体育授業では，子どもの発育発達の特徴に応じた適切な指導が求められる。学習指導要領においても発達の段階に応じた指導内容の明確化や体系化が図られている。

　とりわけ体力の向上については，小学校から高等学校までの12年間に渡って位置付けられている「体つくり運動領域」の学習を通して，より一層の体力の向上を図ることができるようにすることが求められており，各年齢段階における心身の発育発達の特徴を十分に捉えておく必要がある。

　身体の発達の特徴を示したスキャモンの発育発達曲線は，20歳時点の発育を100％としたときの成長パターンを示したものであり，この中で，動きの習得に関わる神経系の成長は，8歳頃までに神経回路の約80％が形成されると言われている。小学校の低学年や中学年の時期は，これら神経系の成長が著しいことから，この時期に，様々な運動や運動遊びを経験し，多様な動きを身に付けることが求められる。12歳から14歳頃は，習得した動きを長い時間続ける能力である「粘り強さ」を，15歳から18歳頃は「力強さ」を身に付けるのに適した時期であり，

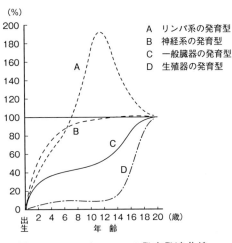

図5-8-1　スキャモンの発育発達曲線
（髙橋健夫・岡出美則・友添秀則・岩田靖編著
『体育科教育学入門』大修館p.33より）

運動発達の感受期を踏まえた指導を行うことが極めて重要である。

2．発育発達の段階を踏まえた学習内容の設定

　各学年段階における学習指導では，発達の段階を考慮した目標の設定が求められる。平成29・30年に改訂された学習指導要領においては，小学校から高等学校の12年間を見通した指導内容が4年ごとのまとまりで示されている。小学校第1学年から第4学年までは「各種の運動の基礎を培う時期」，小学校第5学年から中学校第2学年までは「多くの領域の学習を経験する時期」，中学校第3学年から高等学校卒業までは「卒業後も運動やスポーツに多様な形で関わることができるようにする時期」としている。この発達段階のまとまりを踏まえ，就学前（幼児期）から小学校といった校種間の接続も重視しながら指導にあたる必要がある。

3．生涯にわたる豊かなスポーツライフの実現と運動有能感

　生涯にわたる豊かなスポーツライフを実現するためには，運動に対して内発的に動機づけられた状態であることが求められる。内発的動機づけは「運動有能感」の高まりによって強められると述べられている。このことからも，体育授業においては，運動有能感の発達傾向を踏まえ，運動有能感を高める指導も重要となる。

参考文献

日野克博（2018）「体育授業の目標をどのように描くのか」岩田靖・吉野聡・日野克博・近藤智靖編著『初等体育授業づくり入門』大修館書店，pp.14-21.

文部科学省（2018）『小学校学習指導要領（平成29年告示）解説体育編』東洋館出版社.

杉原隆・川邉貴子編著（2014）『幼児期における運動発達と運動遊びの指導』ミネルヴァ書房.

（宮尾夏姫）

第4節　体育科の評価法

Q9　体育科授業における評価の特徴について述べなさい

1．学習評価の意義と体育科の学習評価の在り方

　学習を効果的に進めるためには，「計画 − 実行 − 評価 − 修正」の手続きは重要である。学校では，授業計画に基づいて授業を行い，計画通りに成果が達成できているかを評価し，その評価に基づいて計画を修正する繰り返しのプロセスが必要となる。学習評価は，学校における教育活動に関して，学習状況を評価するものであり，学習の成果を的確に捉え，教員が指導の改善を図るとともに，子どもたち自身が自らの学びを振り返ることにも意義がある。

　2002（平成14）年の指導要録の改訂によって「目標に準拠した評価」が示され，それまでの集団における順位をもとにした「相対評価」に換えて，目標に照らしてどのくらいできるようになったかを評価することが求められるようになった。「目標に準拠した評価」の実現のためには児童一人一人の学習展開に応じて，あらかじめ教育目標を分析して評価規準を設定する必要がある。その評価を授業の中でフィードバックして指導や支援に役立てることが重要である。

　2017（平成29）年改訂学習指導要領では，総則に新たな項目が置かれ，学習評価の充実がより一層求められるようになった。各教科では，「内容のまとまり」と「評価の観点」の関係を確認し，「観点ごとのポイント」を踏まえて「内容のまとまりごとの評価規準」を設定する。さらにそれをもとに，学習指導要領解説の表記などを用いて，学習活動のレベルに応じた「単元の評価規準」を作成することとしている。また，本学習指導要領からは評価の観点が「知識・技能」，「思考・判断・表現」，「主体的に学習に取り組む態度」と設定されたことを踏まえて，体育科においてもその学習内容に応じて，具体的な評価規準を示す必要がある。

2．目標に準拠した観点別学習評価

（1）知識・技能の評価

　体育科の中心的課題である運動やスポーツの技能に関して，運動能力や体力を運動・体力テストの結果で評価したり，運動の出来栄えをスキルテストで「できる・できない」の二項対立的に捉えたりして，それが評定に直結するような問題が指摘されてきた。アカウンタビリティ（説明責任）に応え，評価を授業効果を高めることに役立てるためには，学習目標に対応した成果を的確に振り返り，明確なフィードバックをすることが必要である。

　体育科の中心的学習内容は各種の運動の技術の習得，技能の向上である。生涯にわたって運動やスポーツを豊かに実践していくためには，成長の著しい小学校の時期における発達段階を踏まえ，その基礎となる各種の運動の基本的な動きや技能を確実に身に付けることが重要である。特性に応じた課題やその解決方法に関する知識や技能を，これまでの経験に基づく既知の知識と関連付けることで，様々な場面で活用できる概念としていくことや，習熟した技能として身に付けることが必要とされ，それらを評価できるような評価規準を各運動領域の例示に基づいて設定することが求められる。

　「知識」に関する規準は，技術や戦術，ルールやその運動種目の特徴などについて「理解している」，「知識を身に付けている」という観点で設定され，運動の行い方に関する知識を身に付けることが求められる。個別の知識のみでなく，相互に関連付けられ，更に社会の中で生きて働く知識となるものが含まれる。体育科においては，この趣旨を踏まえ，運動の楽しさや喜びを味わったり，身近な生活で健康の保持増進をしたりするための基礎的・基本的な「知識及び技能」を，どのくらい身に付けることができたか評価できるような規準を設定する。

（2）思考力・判断力・表現力等の評価

　「思考力・判断力・表現力等」は，情報を捉えて多角的に精査したり，課題を見いだし他者と協働しながら解決したり，自分の考えを形成し伝え合ったり，思いや考えを基に創造したりするために必要な資質・能力である。これ

を評価するための体育科の規準は,「体育の見方や考え方を用いて探究することを通じて考えたり判断したり表現したりしている」ことが観点となる。小学校における「体育の見方・考え方」は,運動やスポーツは特性に応じた楽しさや喜びがあることと体力の向上につながっていることに着目し,「すること」だけでなく「みること」,「支えること」,「知ること」など,自己の適性等に応じて,運動やスポーツとの多様な関わり方について考えることである。小学校段階においても,発達段階に応じて各自が自己の運動や健康についての課題を見付け,解決に向けて試行錯誤を重ねながら,思考を深めること,その過程で人に伝えたり話し合ったりすることが求められ,それらを評価する規準を設定する必要がある。

（3）主体的に学習に向かう態度の評価

　近年運動をする子どもとそうでない子どもの二極化傾向が見られることや,様々な人々と協働し自らの生き方を育んでいくことの重要性などが指摘されている中,運動やスポーツに取り組む態度の育成は重要である。体育科の学習の中心的な教材であるスポーツはルールやマナーといった規範があり,それが学習内容として位置付けられている。またスポーツは,周囲の人と関わることなしに学ぶことは難しく,教室を離れての活動が多いことから,用具の準備や片付け,審判や記録などさまざまな役割が求められ,これらは「社会的態度」として学習内容に位置付けることができる。従って,態度を評価する規準は,具体的には「仲間と楽しく運動する」,「進んで学習活動に取り組む」,「約束を守り,公正に行動する」,「友達と協力して活動する」,「自分の役割を果たそうとする」,「友達の考えや取り組みを認める」,「安全に気を配る」などの観点が考えられる。

　「態度」に関する評価の観点について,2008（平成20）年改訂の学習指導要領における評価の観点では,「関心・意欲・態度」とされていたが,2017（平成29）年改訂学習指導要領ではこれを「主体的に学習に向かう態度」として,明確に「関心・意欲」とは分ける考え方が示された。学習目標の1つの柱である「学びに向かう力,人間性等」には,観点別評価を通じて見取ることができる部分（「主体的に学習に取り組む態度」）と,観点別評価や評定

にはなじまず，個人内評価を通じて見取る部分がある。体育科における「主体的に学習に取り組む態度」の評価の観点は，「運動の楽しさや喜びを味わうことができるよう，運動に主体的に取り組もうとしている。」と示され，知識及び技能を獲得したり，思考力，判断力，表現力等を身に付けたりするために，自らの学習状況を把握し，学習の進め方について試行錯誤するなど自らの学習を調整しながら学ぼうとしているかどうかという意思的な側面を評価する。具体的な評価方法としては，学習カード等の記述，授業中の発言や行動，児童による自己評価や相互評価等を考慮することなどが考えられる。従って，授業の中で運動やスポーツを行うだけでなく，子どもたちがこのような力を身に付けることができるように活動の場面を工夫し，教師は機会を逃さず評価する必要がある。

（4）個人内評価

個人内評価とは，観点別学習状況の評価や評定には示しきれない児童生徒の一人一人のよい点や可能性，進歩の状況について評価するものである。個人内評価の対象となるのは，「学びに向かう力，人間性等」のうち「感性や思いやり」などがそれにあたり，児童生徒一人一人のよい点や可能性，進歩の状況などを積極的に評価し児童生徒に伝えることが重要となる。体育の授業では仲間と関わって活動する場面が多く，このような側面が表出しやすい。その場面をとらえて積極的に評価し，児童生徒が学習したことの意義や価値を実感できるよう，活動等の中で児童生徒に伝えるようにする。

参考文献・URL

国立教育政策研究所（2019）『学習評価の在り方ハンドブック小・中学校編』
https://www.nier.go.jp/kaihatsu/pdf/gakushuhyouka_R010613‐01.pdf
2020年3月15日閲覧.

文部科学省（2018）『小学校学習指導要領（平成29年告示）解説体育編』
東洋館出版社.

高橋健夫・岡出美則・友添秀則・岩田靖編著『新版 体育科教育学入門』大修館書店，pp.10‐17，pp.30‐37，pp.75‐81.

（宮崎明世）

第5節　体育科に固有な「見方・考え方」

Q10　「体育や保健の見方・考え方」について述べなさい

　2017（平成29）年改訂学習指導要領において，「見方・考え方」は「各教科等の特質に応じた物事をとらえる視点や考え方」とされている。体育科には，「健康」に関する見方・考え方と「豊かなスポーツライフを実現する」ための「見方・考え方」があるとして，区別して議論されてきた。そのため，ここでは体育と保健の「見方・考え方」を分けて述べていきたい。

1．体育の「見方・考え方」について

　体育の「見方・考え方」は，小学校学習指導要領（平成29年告示）解説体育編には，「運動やスポーツを，その価値や特性に着目して，楽しさや喜びとともに体力の向上に果たす役割の視点から捉え，自己の適性等に応じた『する・みる・支える・知る』の多様な関わり方と関連付けること」と記述されている。体育科における運動領域は，体つくり運動，器械運動，陸上運動，水泳運動，ボール運動，表現運動の6つで示されている。「価値や特性に着目」する際には，以下の2点を考慮する必要がある。1点目は，それぞれの領域における「価値や特性」には固有性があるということである。新しい動き方を学習する器械運動，運動の質を高める陸上運動，集団的解決を学習するボール運動と，領域によってその「価値や特性」は様々である。2点目は，学習する子どもが違えば，それぞれの運動領域における「価値や特性」の捉え方も異なるということである。子どもの身体能力，運動経験等により，得意不得意，好き嫌いなどが異なり，子どもによって運動領域の「価値や特性」は変わってくる。

　このように，体育の学習では運動領域や学習する子どもによって「価値や

特性」は異なってくる。そのため，「自己の適性等に応じた『する・みる・支える・知る』の多様な関わり方と関連付けること」が重要になってくる。もちろん運動が学習の対象である体育では，「する」ことが学習の中心となる。しかし，それぞれの領域に応じた運動のポイントやコツを「知る」ことで，自分や友達の運動を「みる」ことができ，新たな運動の課題を発見したり運動の修正をしたりすることができる。また，友達が運動できるように補助したり，ゲームの審判をしたりすることで「支える」ことができる。このように，「見方・考え方」を働かせることにより，お互いにアドバイスをしたり，他者が運動できるように補助をしたりなどの関わりが持てるようになり，運動に関する知識・技能や思考力・判断力・表現力をさらに高めることができる。このような他者との関わりの中で行われる学習の積み重ねにより，運動に対する意欲や態度が高まり，「豊かなスポーツライフ」の実現が可能になる。

2．保健の見方・考え方について

　保健の見方・考え方は，2017（平成29）年改訂学習指導要領の解説には，①「個人及び社会生活における課題や情報を，健康や安全に関する原則や概念に着目して捉え」，②「疾病等のリスクの軽減や生活の質の向上，健康を支える環境づくりと関連付けること」とされている。この①の部分が「見方」，②の部分が「考え方」と分けて考えると理解しやすい。2008（平成20）年改訂学習指導要領では，保健領域が体育科における知識を担っており，運動領域における知識は思考・判断に含まれるとされていた。そのため，①の「見方」については，2008（平成20）年改訂学習指導要領からの継続課題と言える。従って，2017（平成29）年改訂学習指導要領においては，「見方・考え方」のうち，②の「考え方」が明確に示されたということになる。つまり，子ども達は，既に知っていることから，授業で取り扱われる教材を通して新しい能力を形成していく。その際に，「疾病等のリスクの軽減」「生活の質の向上」「健康をさせえる環境づくり」と関連付けながら考える活動を通して，社会の中で生きて働く力を身に付けていく。

（中西紘士）

Q11　体育科における「わかる」「できる」について述べなさい

　2017（平成29）年改訂学習指導要領では，評価の観点が全教科を通して，「知識及び技能」「思考力・判断力・表現力等」「学びに向かう力，人間性等」の3観点に統一された。この「知識及び技能」は体育科では「わかる」と「できる」という言葉で取り扱われてきた。体育において，この「わかる」と「できる」を並列的に並べることが難しい。なぜなら体育の学習では，「わかっていてもできない」「できるのだけど，なぜできるのかがわからない」ということが起こりうる。「わかる」と「できる」がどのような関係にあるのかを整理していこう。

1.「わかる」と「できる」の関係

　体育における「わかる」と「できる」の関係は「①わからない・できない」，「②わかる・できない」，「③わかる・できる」，「④わからない・できる」，の4つにまとめることができる。体育の授業においては，「③わかる・できる」が目指して行われる。「できる」ようになるために「わかる」ことが必要だということである。そのため，一般的な学習の道筋は，「①わからない・できない」から，「②わかる・できない」を経て「③わかる・できる」へと到達する。
　岩田は運動学習における認識の対象を以下のように指摘している。
　①実態認識：現時点での自己やチームの運動のできばえや問題点がわかること
　②課題認識：習得の対象となる運動や取り組むゲームの技術的・戦術的な課題がわかること
　③方法認識：その課題を達成するための手段や練習の仕方がわかること
　実際の学習活動においては，「実態認識」において，習得の対象となる運動と自己やチームの運動にどのようなズレ（できばえの違いや問題点）があ

るのかが「わかる」ようになる。そして，「課題認識」において，習得の対象となる運動と自己やチームの運動になぜズレが生じているのかの原因や課題が「わかる」ようになる。さらに「方法認識」において運動課題を達成するための手段や練習の仕方が「わかる」ことにより，子ども達が自己やチームの課題に応じて運動の修正に取り組み，運動課題を達成する。

2.「できる」とは

体育における学習では運動が「できる」ことを目指して行われる。そこには3種類の学習が存在する。

①すでに身に付いている運動のより高い達成力を高める学習

②友達と協力して連携プレーができる学習

③できない運動を覚えようとする学習

この3種類の学習では，学習の仕方や進め方が異なったものになる。それぞれの学習に応じて先に述べた3つの認識を用いて授業を行う必要がある。

また，それぞれの運動が「できる」段階と判断するためには，その基準を明確にしておく必要がある。教師が勝手に決めた理想像に子どもたちを当てはめていくような「できる」の判断では，多様な子どもたちに対応することはできない。そのため，どのような動き方で運動を覚えたときに「できる」と判断するのか，上手になるとはどんな状態になったときか，どんな状況でできるようになれば「できる」と判断するのかを一人一人の子どもの学習状況に応じて教師が判断できる具体的基準をもっておく必要がある。

参考文献

岩田靖（2012）「これから求められる体育授業と教材づくり」『体育の教材を創る』大修館書店.

三木四郎（1996）「運動学習と授業研究を考える」金子明友監修『教師のための運動学　運動指導の実践理論』大修館書店.

高橋修一・森良一（2017）「Q＆Aで理解する体育・保健の『見方・考え方』」『体育科教育』65（11），pp.16-19.

（中西紘士）

第6節　体育科の学習指導計画

Q 12　指導計画と単元計画について述べなさい

1．指導計画

　小学校学習指導要領には，指導計画は，「学年ごとあるいは学級ごとなどに，指導目標，指導内容，指導の順序，指導の方法，使用教材，指導の時間配当等を定めたより具体的な計画」だとしている。ここでは年間指導計画について述べていく。年間指導計画では一般的には1年間の指導計画を作成するが，体育科においては，各学年の目標や内容が2学年のまとまりで示されており，内容を弾力的に扱うことができるようになっている。そのため，2年間や6年間を見通した指導計画の作成が求められる。その際には，以下の点について考慮する必要がある。

　①2学年のまとまりで示された目標や各領域の内容を検討し，2学年にわたって取り扱うか，2学年に分けて取り扱うかを児童の実態や発達段階に応じて計画する。

　②各学年の運動領域や6年間の運動領域のバランスを考慮して計画する。

　③地域，学校，施設，用具など，各学校の実情を考慮して計画する。

　これらの点を考慮した上で，次の様な手順で年間指導計画を作成していく。なお，この指導計画の作成に関わっては，以下に示す目標の系統性や配列を考慮することが求められる。

　①学校教育目標や学校の体育目標を確認する

　②体育の授業時数を決定する

　③運動領域や運動種目を決定する

　④単元の構成や単元の規模を決定する

　⑤単元の配列を決定する

2．単元計画

　作成された年間指導計画に示された単元を実際にどのように指導するのかについて考えることが単元計画となる。単元とは，「一定の活動として児童が習得する内容や経験のまとまり」を意味する。この単元を構成するにあたって，藤岡は，「単位教材」及び「単元教材」という考え方があることを指摘している。「単位教材」とは，「相当の効果をおさめることのできるひとまとまりの教材があり，しかもそれ以上小さな部分に分割すると，もはや教材としてのまとまりや働きが失われてしまうという場合，これを『単位教材』とよぶ」としている。そして，「単元教材」とは，「いくつか集められて単元の形に組織されることによって，もっとも大きい効果を発揮し，最終的な位置付けを与えられる。数時間から数十時間の授業をつくりだすことができるような教材のまとまりを『単元教材』とよぶ」としている。この「単位教材」は，「その単元が全体としてどのようなまとまりを持っているか」が重要になる。

　単元計画の作成は次の様な手順で行われる。

　①単元目標を明確にする

　この単元を通してどのようなことができるようになれば良いかを明確にする。その際，「知識・技能」「思考力・判断力・表現力」「主体的に学習に取り組む態度・人間性」の3つの観点で示す。

　②運動の特性を明確にする

　運動の特性を「構造的特性」「機能的特性」「効果的特性」の面から教材研究をしておく必要がある。

　③学習過程の見通しを明確にする

　「単元教材」を学習するためにどのような「単位教材」が必要となるのか，また，「単位教材」はどのような順序で学習されるかを見通しておく必要がある。その際には，先に述べたように全体的なまとまりを持たせる必要がある。

参考文献

藤岡信勝（1982）「単位教材と単元構成のモチーフ」『教育科学・社会科教育』2月号，明治図書出版，pp.101-109.　　　　　　　（中西紘士）

Q 13　学習指導案の項目とその内容について述べなさい

1．学習指導案とは

　学習指導案（以下，指導案）とは，一般的に年間指導計画を基にして作成された単元計画の中の1単位時間の計画のことを指す。そのため，指導案には，1単位時間の目標や内容が具体的に設定され，児童の学習活動や教師の指導の手立てが時系列で示されることが一般的である。また，研究授業が行われる際の指導案には，単元計画の段階で考慮した児童の実態や教材の価値等が詳細に書かれる場合が多い。

2．指導案の項目

（1）単元計画

　指導案は1単位時間の計画であるが，この1時間の授業が単元計画の中のどこに位置付いているのか，これまでどのような学習がなされてきたのかを明らかにしておく必要がある。よって，単元計画は，単元名，単元設定の理由や教材観，児童観，指導観，単元の目標，評価計画等から構成される。

（2）本時の指導案

　まず，本時の目標が示される。本時の授業が学習指導要領に示された「知識・技能」「思考力・判断力・表現力等」「学びに向かう力・人間性等」のどの観点に焦点を当てるのかにより，目標の記述の仕方は異なる。そして，目標の観点は単元計画と整合性を持たせることが重要となる。

（3）本時の展開

　指導案の形式は様々であるが，「学習活動」「指導上の留意点」「評価の観点・方法」を記述することが一般的である。これらに加え，「予想される児童の反応」や「学習形態」が示される場合もある。ここでは，「学習活動」と「指導上の留意点」についての配慮事項を述べる。

　「学習活動」では，児童が行う学習活動の流れやそこで学習すべき内容が

児童の立場で記述される。体育の授業では次の様な活動が行われることが多い。主運動に繋がる準備運動，前時の振り返り，本時の学習課題の確認，集団思考場面，運動学習，本時の振り返りなどが本時の目標に応じてどのような順序で展開されるのかを考慮して記述される。

「指導上の留意点」では，児童の学習活動に対して教師がどのような手立てを行うのかを具体的に示す。その際，「良い動きをしている児童を称賛する」など，指導の手立てのみを書くのではなく，その指導の意図と合わせて記述することが重要である。例えば，「運動の課題に気付くことができるように，腰の部分のみを比較できるような動画映像を用意する」のように，その手立てを行う目的を明記することが望ましい。

（4）評価について

指導案の本時の展開には，本時の目標に対応するように評価が記述される。もちろん1時間の授業の学習活動の中では3つの観点に関する内容が全て含まれている。しかし，1時間の中で全ての児童を3つの観点で評価することは難しい。そのため，本時の目標で焦点を当てた観点について，どのような方法でいつ評価するのかを本時案の中に記述する必要がある。その際，基準に達することができなかった児童に対してはどのような新たな手立てを講じるのかも合わせて記述されるとより良いだろう。

3．指導案と実際の授業

最後に，指導案はあくまで「案」である。指導案通りに授業を進めることが目的にならないよう，目の前の児童の反応から学習の順序や手立てを臨機応変に講じられる授業が展開できるような力量の形成を望みたい。

参考文献

加登本仁（2019）「体育科の指導計画」木原成一郎・大後戸一樹・久保研二・村井潤共編著『改訂版初等体育科教育の研究』学術図書出版.

中内敏夫（1978）『教材と教具の理論　教育原論Ⅱ』あゆみ出版.

（中西紘士）

第7節　体育科の教材研究の視点

Q14　運動領域の教材研究の視点について述べなさい

1．運動領域の教材とは何か

　体育科の運動領域の場合，教材という概念は，もともと運動そのものを指す用語として使用されてきた。それが学習内容という概念が導入されたことをきっかけとして，運動文化として成立していた各運動種目や運動遊びを素材とし，素材に含まれる教育・学習内容を明確化するように作り直した運動を教材として区別するようになった。従って，小学校教師は運動領域の授業に臨むにあたり，運動文化としての素材を加工・改変し教材として組み替えることが求められる。

2．教材づくりの過程

　運動領域で取り扱う各種運動や運動遊びは様々な文化的側面を持っている。例えば，各種目の技術や戦術，ルールや施設・用具は人々の創意工夫の賜物である。また，プロスポーツやオリンピックなどを観戦することやそれに関する報道は日常生活に大きな関わりがあり，ひいては，スポーツが経済や政治にも関わりがあることは周知のとおりである。このように捉えると，体育で取り扱う素材としての運動は，教育的な文脈では成立していないことが分かる。従って，教材づくりの過程において，素材に含まれている子どもたちに教えたい内容とそうでない内容を取捨選択することが必要となる。

　運動領域の教材づくりは，次のような手順を踏んで行われる。まず，子どもたちにどのような資質や能力を身に着けさせるのか検討し，授業の目標を明確にする。次に，素材となる運動の面白さや運動技術の構造などを分析し，目標と対応させながら何を教えるのかを検討する。そして，子どもたちの実態や，施設・用具の状況などを踏まえながら，教材や教具を構成するの

である。

　子どもたちに教えたい内容は，次の3点である。すなわち，運動の「技術・戦術」，運動の「知識・認識」，運動に関わる「社会的行動」である。これらの内容が明確となるように，素材としての運動を加工・改変していく必要がある。なお，教えたい内容は授業の目標と対応している必要がある。目標は，どのような期間（各学年や単元，一単位時間など）を対象とするのか，また，どのような集団（全国の子ども，各学校の子ども，クラスの子どもなど）を対象とするのかによって変化する。従って，学習指導要領や各学年などによって定められた目標に対応する内容について検討し，目の前の子どもたちに学ばせたい内容とは何かを検討する必要がある。

　一方で，教え学ぶ内容が明確になっていたとしても，子どもたちの学習意欲が高まらなければ，充実した学習活動とはならない。そのため，教材は子どもたちの学習意欲を喚起するように素材を加工・改変したものでなければならない。子どもたちの学習意欲を喚起するために求められるのは，次の3点である。すなわち，すべての子どもたちが授業で取り上げる運動に参加する機会が保証されていること，子どもたちの発育発達に対して配慮がなされており，子どもたちの興味関心に適合すること，遊びとしての面白さが含まれていることである。

3. 教材の階層性

　運動領域の教材は階層的に構成されており，単元を通して実施する教材と，その教材に含まれる技術的，認識的内容を学ぶための教材として捉えることができる。前者を単元教材，後者を下位教材あるいは単位教材と呼ぶことができる。

　単元教材は，1つの単元を通して実施するが，子どもたちがそれを通して身につけていく知識や技能は多岐にわたり，最初からうまく実施できるわけではない。そのため，単元教材で取り扱う内容の一部を取り出したり，それらをより簡易な条件の下で実施したりするような下位教材が必要となる。最初から高度な教材に取り組むと，子どもたちはできないことやわからないこ

とに直面することとなる。これらを学んでいくことが授業の醍醐味であるが，できないことやわからないことばかりでは子どもたちの学習意欲が低下しかねない。その意味でも，単元教材に向かって段階的に取り組めるように，豊かな下位教材が用意されていることが必要である。

4．教材の安全性

　教師は運動領域の授業で実施する教材に，危険性が含まれていることを理解していなければならず，その危険性を制御していなければならない。運動を行う際に，怪我などが生じる危険性を完全になくすことは不可能である。しかし，命に関わったり重大な障害が残ったりするような事故につながる危険性はできる限り排除しなければならない。

　運動に含まれる危険性は，リスクとハザードという観点から捉える必要がある。リスクとは，運動や運動遊びの面白さの要素で学びの対象となり，教材に含まれる価値のある危険性のことである。一方で，ハザードとは，運動や運動遊びの面白さの要素とならないため学びの対象とならず，重大な事故を引き起こす可能性のある危険性のことを指す。

　これらを区別するために，子どもの立場から見たときに，回避できるものであるか，また，その危険が予想できるものであるかを検討する必要がある。すなわち，子どもが回避できない危険は重大な事故が発生する可能性が非常に高く，教材に含まれていてはならない。子どもが回避できる危険が教材に含まれている場合，子ども一人で危険を予想し回避できるものであるのか，一人で予想できないが年長者の援助があれば回避できるのかを検討する必要がある。後者の場合，子どもが危険を予測できるようになるために，教師が指導していく必要がある。

5．教具の役割

　教材を有効に活用していくためには，教材づくりと合わせて授業で使用する教具づくりが必要である。教材は，素材を教育的文脈に読み替えたものであるから，使用する用具・器具にも教師の教育的な意図が反映されるように

工夫が加えられる必要がある。

　授業で用いられる教具は，子どもの発達状況や運動経験，心理状態に適合するように工夫されている必要がある。用具・器具は，それぞれの特性に応じて操作性などが異なっている。そのため，子どもたちが取り扱いやすく，目標とする技能習得に適した教具を使用する必要がある。また，子どもたちが未習得の技能の練習を行う際には，失敗することや危険性に対する不安が生じる場合がある。そのため，失敗が生じにくい条件づくりや安全性を高めることで恐怖心が和らぎ安心感が持てるような場づくりに活用できる教具を使用する必要がある。

　一方で，教具は運動学習で有効に活用されるように工夫されている必要がある。未経験の運動の練習を行う場合には，学ぶべき運動の仕組みや運動の課題が不明確になりがちである。そのため，それらを明確にすることができる教具を使用する必要がある。また，運動の習得には，自分自身の動きなどがどのように行われたのかを知ることが必要であるため，運動に制限を加えることによって運動のできばえが明確化されるような教具を使用する必要がある。

参考文献

岩田靖（1997）「体育科の教材づくり論」竹田清彦・高橋健夫・岡出美則編著『体育科教育学の探求』大修館書店，pp.224-253.

岩田靖（2012）『体育の教材を創る』大修館書店.

岩田靖（2017）『体育科教育における教材論』明和出版.

村井潤（2019）「体育科の教材づくり」木原成一郎・大後戸一樹・久保研二・村井潤共編著『改訂版初等体育科教育の研究』学術図書出版社，pp.42-54.

則元士郎（2010）「体育科の教材づくり」徳永隆治・木原成一郎・林俊雄共編著『新版初等体育科教育の研究』学術図書出版社，pp.42-54.

（村井　潤）

Q 15　保健領域の教材研究の視点について述べなさい

1．保健領域の教材とは何か

　体育科の保健領域において教材とは，保健領域で取り扱う領域の科学的な情報を素材とし，教師が子どもたちに教えるべき内容を検討したうえで素材を加工して作成した情報のことを指す。教えるべき内容としての概念や知識は，具体物ではないことから子どもたちが理解しにくい場合がある。そのため，それらを具体的な事実や事象として教材化し，子どもたちに提示する必要がある。

　素材を加工した結果として，教材は次の4つの形式をとる。すなわち，ある事象についての問いや予想という形をとる「問題」教材，新聞記事や本の一説などの形をとる「文章」教材，歯形や人体模式図のパネルなどの形をとる「教具」教材，一斉学習やグループ学習などの形をとる「学習形態」教材である。子どもたちに理解しにくい教育内容を，いかに理解しやすく教材化するかが教師の重要な役割であると言えるだろう。

2．教科書研究の必要性

　保健領域の場合，教師が独自に作成した教材を使用するだけでなく，教科書を教材として捉え，教科書の記述に従って授業を展開することが多い。その意味で，教科書とその指導書は教師にとって授業を実施するための重要な意味を持っている。しかしながら，教科書はその作成者の素材研究と教材研究に基づき，意図をもって作成された教材である。従って，教科書を教材として授業を実施する場合には，教師は自身の素材の知識と目の前の子どもの実態や授業の目標などを踏まえながら，教科書を用いて何を教えるのかを探求する必要がある。

3．教科書の構造とその機能

　教科書を使用して授業を行う場合，まず，教科書に記述されている内容

が，子どもたちにどのような知識や技能を身に付けさせるために，どのような内容を教えようとしているのかを検討しなければならない。その際には，小学校学習指導要領の内容構成や，その構成原理である「健康成立の３要因（主体・環境・行動）」や「個人の生活空間の同心円的拡大（個人→家庭・学校→職場・社会）」などを踏まえて検討する必要がある。

　そのうえで，教えるべき内容が教科書においてどのように示されているのかを理解する必要がある。例えば，１つの事象に関連する情報を網羅するように示される場合や事象の事例を取り挙げて示される場合，１つの情報をある事象が生じる原因として示される場合などがある。

　教科書は，子どもたちに情報を提供する機能やそれらの情報を構造化する機能，情報についての問いを立てて検討するといった学習の仕方を提示する機能を持っている。これらの機能は内容の示し方と関連する。例えば，教えるべき内容を網羅的に示してあれば情報提供する機能が強いこととなる。そのため，教科書の内容を読み解いたうえで，その提示方法の特徴を分析し，その方法がどのような機能を持つかを検討する必要がある。

参考文献

藤原昌太（2020）「保健科の教材論」今村修・植田誠治・岡崎勝博・野津有司・野村良和・森良一編著『保健科教育学の探求』大修館書店，pp.158-167.

家田重晴（2010）「教材研究」家田重晴編著『保健科教育』杏林書店，pp.69-79.

数見隆生（2002）「保健の教材づくりとそのあり方」森昭三・和唐正勝編著『保健の授業づくり入門』大修館書店，pp.138-156.

村井潤（2019）「保健」木原成一郎・大後戸一樹・久保研二・村井潤共編著『改訂版初等体育科教育の研究』学術図書出版社，pp.179-190.

森昭三（2002）「保健の教科内容と教材」森昭三・和唐正勝編著『保健の授業づくり入門』大修館書店，pp.123-137.

（村井　潤）

第8節　体育科の教師としての資質や能力

Q 16　体育科の教師としての資質や能力について述べなさい

1．最低限必要な資質能力とは何か

　教員養成の役割は「学級や教科を担任しつつ，教科指導，生徒指導等の職務を著しい支障が生じることなく実践できる資質能力」を育成することにあるといわれる。この指摘を踏まえれば，体育科の授業を実施するための最小限必要な資質能力とは，著しい支障が生じることなく体育科の授業を実践できる資質能力，と解釈することができる。

　また，ここで言う資質能力とは「『教職』に対する愛着，誇り，一体感に支えられた知識，技能の総体」として捉えられる。すると，体育科の授業に関わる知識と技能の関係性について検討しておく必要がある。

2．求められる体育科の資質能力

　体育科教育学に関わる文献には，体育科の目標や内容，教授・学習，評価，各種目の授業計画など授業に直結することに加え，模擬授業や教育実習など教員養成教育に関わる内容や省察や教師の発達段階といった教師教育に関する内容など，体育科教育学に関連する知識が包括的に記述されていることが多い。これらの知識を学ぶことは，体育科の授業を実施するための資質能力を身に付ける上で重要な意味を持っているだろう。

　しかし，初任教師は大学で学んだ体育科教育学に関わる理論的知識を学校現場における日々の実践で必ずしもすぐに活用できるわけではない。例えば運動指導の方法や教材や教具の知識と異なり，子どもの把握や学習集団のまとめ方などの知識は目の前の子どもたちに対応させて活用することが求められる。そのため，頭では理解していても実際にはうまくいかないといったこ

とが生じる場合がある。すなわち，初任者は十分な理論的知識を持っていたとしても，状況に応じて技能を発揮することができない場合があることに留意する必要がある。

3．教師としての力量形成

　学んだ知識を実践に活かし，教師としての力量を高めていくためには，実践の中で試行錯誤しながら成功と失敗の経験を積み重ねていく必要がある。その際に重要となるのが，自分の実践を省みてそこに含まれている問題を見出し，その問題を解決していくという一連の過程である。特に，実践に含まれる問題状況から問題を設定する「省察」という思考過程は非常に重要である。

　省察は大きく分けて，行為の最中に行う場合と行為が終わった後に行う場合がある。前者は授業の実施中に，自分が予想していなかった問題状況が生じて授業が停滞したような場合に，何が問題で何をすべきかを即時的に思考することを指す。後者は授業の実施後に，授業中に起こった出来事などを思い返し，そこに含まれている問題について思考することを指す。この両者を積み重ねていくことによって，学んだ知識を実践に活かすことができるようになり，また，実践の中から新たな知識を学んでいくことにつながるのである。

参考文献

ドナルド・A・ショーン（柳沢昌一・三輪建二監訳）（2007）『省察的実践とは何か－プロフェッショナルの行為と思考』鳳書房.

木原成一郎（2010）「教師教育改革の動向」梅野圭史・海野勇三・木原成一郎・日野克博・米村耕平編著『教師として育つ－体育授業の実践的指導力を育むには』明和出版，pp.2-7.

中井隆司（2010）「体育教師としての成長と教師教育」髙橋健夫・岡出美則・友添秀則・岩田靖編著『新版体育科教育学入門』大修館書店，pp.244-250.

吉崎静夫（1988）「授業における教師の意思決定モデルの開発」『日本教育工学雑誌』12（2），pp.51-59.

（村井　潤）

第6章

総合的な学習の時間

Q1　総合的な学習の時間の意義と目標について述べなさい

1．意義と目標

　総合的な学習の時間（以下，総合的な学習）は，「探究的な見方・考え方を働かせ，横断的・総合的な学習を行うことを通して，よりよく課題を解決し，自己の生き方を考えていくための資質・能力」（文部科学省）を育成することを目標にしている。児童1人1人が物事に向き合い，その本質を本気で探り，考えていくことで，自分自身を見つめ直し，自己実現を図っていくプロセスを大切にしている。

（1）基本的な考え方

　総合的な学習では，各学校の実態，学校教育目標や児童の興味・関心等を踏まえて，各学校独自に，科目の目標を定めることを求めている。その際には，校長や研究主任等のリーダーシップの下，全教職員で意見を出し合い，育てたい児童の姿を共有し，各学校ならではの総合的な学習を創り出していくことが望ましい。教師は，各教科等の内容やその区分を前提とした発想に捕らわれる必要はない。児童たちにとって本当に意義のあるカリキュラムをデザインし，学習指導を行うことが肝要である。各教科は，教科書があり教育内容が定められる傾向にある。一方で，総合的な学習には教育内容の縛りはない。児童たちにとって，意義のあるカリキュラム（＝学び）を保障し，事前の綿密な計画の下で，柔軟な学習指導を行っていきたい。そのためには，児童を理解し，評価することが大切である。

（2）探究的な学習

　総合的な学習の本質は，探究の過程にある。学習指導要領では，「探究的な学習過程」とし，①「課題の設定」②「情報の収集」③「整理・分析」④「ま

とめ・表現」の循環かつ発展的なプロセスとしている。こうした探究の中で，児童たちは物事への見方・考え方を働かせていく。総合的な学習では，各教科等で習得した見方・考え方を総合的に生かしたり，物事を広範に捉えるための見方・考え方を鍛えたりする。学習過程では，「国際理解，情報，環境，福祉・健康など」の課題を「横断的・総合的」に探究していく。学習を成功させるためには，教師が明確な目標を持ち，児童たちと共有することが肝要である。児童が「実社会・実生活」で生きていくための力を付けるために，総合的な学習は，教育課程の中に位置付けられている。教科の学習と教科等横断的な学習の連携を意識して，教育課程を編成することが求められる。また，第2学年までの生活科との連続性を考慮することも大切である。

2．資質・能力

　文部科学省は，資質・能力を3要素で整理している。「知識及び技能」は，児童が物事（課題）に関わる知識や技能を関連付けていくこと，つまり「概念」を形成することである。「思考力，判断力，表現力等」は，児童たちが物事に対して，自ら「問い」を見付け出し，他者と協働しながら，自分なりに探っていく力である。「知識及び技能」と「思考力，判断力，表現力等」は不可分である。「学びに向かう力・人間性等」は，自分とは異なる他者を尊重しながら，課題の解決に向かっていく力である。こうした非認知的能力（社会情動的スキル）は，予測不可能な社会を生き抜く術となる。例えば，粘り強さや自分自身の学習をマネジメント（自己調整）するといった力である。上述の3要素は，探究的な学習の過程の中で，一体的に育んでいく必要がある。

　総合的な学習では，児童たちの実態を踏まえて，育てることを目指す質・能力を明確にすることが求められる。こうした取組は，教師一人では限界がある。同僚や管理職，保護者や地域の住民等と協働し，取り組んでいきたい。

参考文献
文部科学省（2018）『小学校学習指導要領（平成29年告示）解説総合的な学習の時間編』東洋館出版社.

（渡邉　巧）

第2節　総合的な学習の時間の指導法

Q2　総合的な学習の時間のカリキュラムと指導について述べなさい

1．総合的な学習の時間におけるカリキュラム

　この時間のカリキュラムには，各学校の特色が如実にあらわれ，その展開にあたっては，入学から卒業までを見通した全体計画，各学年の1年間を見通した年間指導計画，1年間の中で行われる学習活動のまとまりを示した単元計画，単元を構成する1単位時間の授業計画を作成することが求められる。

（1）全体計画のポイント

　各学校が，この時間の教育活動の基本的な在り方を概括的・構造的に示したものが全体計画である。文部科学省によれば，全体計画に示す項目として，各学校の教育目標，各学校において定める目標，各学校において定める内容が必須であり，概括的に示すものとして学習活動，指導方法，指導体制，学習の評価などが挙げられる。

（2）年間指導計画のポイント

　各学年・学級で，1年間の学習活動の見通しをもつために示したものが年間指導計画である。年間指導計画に示す項目として，単元名，各単元における主な学習活動，活動時期，予定される時数などが挙げられる。

（3）単元計画と授業計画のポイント

　探究的な学習の過程における学習活動の一連のまとまりである単元を構想し，計画を具体的に書き表したものが単元計画である。単元計画に含める項目として，単元名，単元目標，教材，単元の展開が挙げられる。この他に，時間数，活動内容，学習環境，指導のポイント，関連する教科等の学習内容，単元の評価規準も示す。なお，1単位時間の授業計画を具体的に書き表したものが学習指導案である。

２．総合的な学習の時間における指導と評価

この時間において，教師には探究的な学習の過程を通して児童生徒の資質・能力を育成するために，次のような指導と評価が求められる。

（1）教師による指導のポイント

文部科学省は，この時間における教師による指導の基本的な考え方として，「児童の主体性の重視」，「教師の適切な指導の在り方」，「具体的で発展的な教材（学習材）」の３つの視点を挙げている。また，探究的な学習の過程において児童生徒の主体的・対話的で深い学びを充実させるためには，児童が思考する際に必要となる情報処理方法を技法として整理した「考えるための技法」を適切かつ効果的に活用することが求められる。

（2）学習活動の評価のポイント

この時間における児童の学習活動の評価については，各教科のように数値的に評価することはせず，学習の結果だけでなく過程も重視して適切に評価することが大切であり，例えば指導要録の記載においては所見等を記述することになっている。各学校においては資質・能力の３つの柱（知識・技能，思考力・判断力・表現力，学びに向かう力・人間性）を基に評価の観点を明示するとともに，評価規準を設定し，ポートフォリオ評価やパフォーマンス評価などの具体的な方法を用いて，児童の学習活動の過程を多面的かつ信頼される方法で評価する必要がある。なお，この時間における学習活動の評価は，児童の学習の改善だけでなく，教師の指導の改善や学校のカリキュラム・マネジメントに生かされなければならない。

参考文献

朝倉淳・永田忠道共編著（2019）『総合的な学習の時間・総合的な探究の時間の新展開』学術図書出版.

文部科学省（2018）『小学校学習指導要領（平成29年告示）解説総合的な学習の時間編』東洋館出版社.

（米沢　崇）

新・教職課程演習　第15巻
初等生活科教育，初等音楽科教育，初等図画工作科教育，
初等家庭科教育，初等体育科教育，初等総合的な学習の時間

編著者・執筆者一覧

[編著者]

石﨑和宏　筑波大学芸術系教授，博士（芸術学）。
　著書：（共編著）『初等図画工作科教育』（ミネルヴァ書房，2018 年），（共編著）
　『アートでひらく未来の子どもの育ち：未来の子どもの育ち支援のために　人
　間科学の越境と連携実践 4』（明石書店，2014 年）。

中村和世　広島大学大学院教授，教育学博士（Ph.D.）。
　著書：（共著）『美術教育ハンドブック』（三元社，2018 年），（共著）『やわらか
　な感性を育む図画工作科の指導と学び』（ミネルヴァ書房，2018 年）。

[執筆者]（50 音順）
　〔生活科〕

石井信孝　　（広島大学附属三原小学校副校長）

石田浩子　　（広島大学附属東雲小学校教諭）

伊藤公一　　（広島大学附属東雲小学校教諭）

梅野栄治　　（広島大学附属三原小学校教諭）

遠藤優介　　（筑波大学人間系助教）

大谷仁美　　（東京都葛飾区立上千葉小学校主任教諭）

岡田了祐　　（お茶の水女子大学講師）

片平克弘　　（筑波大学特命教授）

白岩　等　　（昭和学院小学校教頭）

埒本美紀　　（広島県江田島市立切串小学校教諭）

髙橋　修　　（元東京都江東区立第五砂町小学校校長）

辻　健　　　（筑波大学附属小学校教諭）

永田忠道　　（広島大学大学院准教授）

根本裕美　　（東京都練馬区立豊玉南小学校主任教諭）

人見久城　　（宇都宮大学教授）

間所　泉　　（広島大学附属三原小学校教諭）

村井大介　　（静岡大学講師）

柳井裕美　　（広島大学附属東雲小学校教諭）

由井薗　健　（筑波大学附属小学校教諭）

若村健一　（埼玉大学教育学部附属小学校教諭）

渡邉　巧　（広島大学大学院准教授）

　　〔音楽科〕

権藤敦子　（広島大学大学院教授）

笹野恵理子　（立命館大学教授）

重森栄理　（広島県教育委員会事務局参与）

髙倉弘光　（筑波大学附属小学校教諭）

津田正之　（国立音楽大学教授）

寺内大輔　（広島大学大学院准教授）

　　〔図画工作科〕

芦田桃子　（広島大学附属小学校教諭）

池田吏志　（広島大学大学院准教授）

直江俊雄　（筑波大学芸術系教授）

吉田奈穂子　（筑波大学芸術系助教）

　　〔家庭科〕

伊藤　優　（島根大学助教）

河﨑智恵　（奈良教育大学教授）

河村美穂　（埼玉大学教授）

小清水貴子　（静岡大学大学院准教授）

瀨川　朗　（鹿児島大学講師）

藤井志保　（広島大学附属三原中学校教諭）

　　〔体育科〕

中西紘士　（環太平洋大学准教授）

松本祐介　（川村学園女子大学准教授）

宮尾夏姫　（奈良教育大学准教授）

宮崎明世　（筑波大学体育系准教授）

村井　潤　（武庫川女子大学准教授）

　　〔総合的な学習の時間〕

米沢　崇　（広島大学大学院准教授）

渡邉　巧　（広島大学大学院准教授）

装幀：奈交サービス株式会社
DTP：片野吉晶

新・教職課程演習　第15巻

初等生活科教育，初等音楽科教育，初等図画工作科教育，
初等家庭科教育，初等体育科教育，初等総合的な学習の時間

令和3年7月20日　第1刷発行

編著者　　石﨑和宏 ©
　　　　　中村和世 ©
発行者　　小貫輝雄
発行所　　協同出版株式会社
　　　　　〒101-0054　東京都千代田区神田錦町2-5
　　　　　　　　　　　電話　03-3295-1341（営業）　03-3295-6291（編集）
　　　　　　　　　　　振替　00190-4-94061
印刷所　　協同出版・POD工場

ISBN978-4-319-00356-3

新・教職課程演習

広島大学監事 野上智行 編集顧問
筑波大学人間系教授 清水美憲／広島大学大学院教授 小山正孝 監修
筑波大学人間系教授 浜田博文・井田仁康／広島大学名誉教授 深澤広明・広島大学大学院教授 棚橋健治 副監修

全22巻　A5判

協同出版